* 능소화 피는
6월이 오면 나는 강가로
달려 갈래요 기다리는 님은 없지만
소화를 보면 내 마음 강물에 스며들어
별빛으로 빛나지요
내 그리움도
별빛으로 빛나지요

* 이상록

1. **시인**
2. 영어강사
3. 미국 뉴욕 11년 거주
4. 시 등단 (2024), 시 신인상 (2025)
5. 강원도 양양 태생
6. 현북 초, 중, 양양고교
   청주 사범대학, 외대 eMBA
   미, 컬럼비아 대학
   영어 물결에서 헤엄치다
   시인이 되다

....

- 시집 1 ... 처음 본 달
- 시집 2 ... 산 너머 진달래
- 시집 3 ... 능소화 피는 날
- 시집 4 ... 뉴욕으로 간 뻐꾸기

....

- 샘 문학 회원
- 동대문 문화원 회원
- 한국 문학 회원
- 한용운 문학 회원

*6월 어느날
강가에 나갔다가 소화를
만났지요 한강은 고요히 잠들고 내 마음
강물에 비친 불빛에 물들어
찰랑 찰랑
물결에 흔들리고 있었지요

At the first glance
 of the trumpet creepers
  my heart was leaping and
   bounding.

* 능소화 —
피는 날, 내 그리움도 강물처럼
바다로 흘러가고
있지요

*거리가 멀수록
그리움 커, *침묵이 깊을수록
그리움도 깊어, 난, 그대에게
항상 가까운 속삭임으로
남고 싶다

● 3번째 시집을 내면서 ....

2025년 7월 09일 현재
이번이 3번째 시집이 되었군요

제목은 "능소화 피는 날"
  사실 저는 이런 꽃이 있었는지도 몰랐어요
    제 고향 강원도 양양에서 산과 들 그리고 강가로 20년 돌아
  다녔어도 능소화를 본적이 없었습니다
그리고 미국에서 11년 살았지만 역시 그곳에서도 능소화는 보지 못했
  어요 그런데, 서울에서 처음 본 것은 건대입구역 남단
    청담대교 오르는 고가도로에서 였지요 양편에 담쟁이 색깔을
하고 6월 초부터 예쁘게 피는 것을 보았습니다
  인터넷에 의하면 소화라는 궁녀가 임금의 총애를 받지 못해 상심하고
  떠돌다 죽은 곳에서 꽃 한 송이가 피었다고 합니다
    왕의 부름을 기다리고 기다리다 지쳐 죽음에 이른
  궁녀, 소화는 죽었지만, 그녀의 뜻과 마음은 다시 꽃으로 피어 그녀의
슬픈 애정을 재 표현했다고 여겨집니다 가슴 뭉클한 사연을 접하고
  밤늦은 시간, 강가로 갔다가 소화를 또 만나게 되었지요
    누군가를 기다리는 그녀, 소화—
  기다리기만 하고 만나는 이를 만나지 못해 목이 길어진 소화를 보고 애
처로운 맘에 사진도 찍고 그에 대한 시도 쓰고 그러다 제목까지
  능소화 이름을 달게 되었습니다
    소화— 그녀가 먼 곳에 있을지라도 저의 시집을 보고
  기뻐해 주면 참 좋겠다는 생각을 해 봅니다
    안녕, 소화씨

    (2025 07 09 서울에서 ... 작가 이상록)

● 그리운 유년시절 ....

내가 학교 다닐때는
초등학교가 아니고 국민학교 였지요
모든 국민은 의무적으로 기본 학문을 배울 권리가 있다고 해서
국가가 그렇게 이름을 지어 준 것이라 여겨집니다

우리 아버지는
나를 보면 언제나 논이나 밭에 나가 같이 일하러 가자고 했지요
공부했니 숙제했니 공부 열심히 해라
그런 자상하고 성스런 말을 들어 본적이 한 번도 없어요
그런 환경에서 자란 나는 아버지 일에 늘 잔잔한 심부름을 하였고
학교에서 토,일 동네 친구들과 어울려 같이 놀거나 공차 본 기억이 단, 한
번도 없어요 어떻게 보면 왕따 생활을 한 거지요
늘 농사일에 바쁜 우리 아버지,
중학교 걸어서 10분이면 갈 거리인데도 입학을 시켜주지 않아 1년
동안 냇가에서 들에서 산에서, 논과 밭에서 ...
그리고 돼지 먹이주랴, 닭 30마리 키우랴, 소 풀베어 오랴,
정신없이 1년 농사지어보니, 정말 이 일을 할 수 없다는 큰 결론에 이르고
나서,

10월 어느 날,
어머니를 불렀지요
어머니, 중학교에 보내주세요
그렇게 안 하시면, 전 서울로 도망쳐 다시는 집으로 돌아오지
않겠어요.
그 말 한마디가 그렇게 아팠을까
오늘의 내가 된 결정적 계기가 된 그 아픔의 언어, 핵 폭탄 투하의 언어—
그 선전 포고는 결국 꿈틀되어 어둡고 컴컴한 칠흑의

땅속, 지렁이 소굴에서 나오겐 해 준 사연...
사람은 삶을 살면서 결정적 순간에 큰 결단을 하지 못하면
영원히 자기 길을 잃게 된다는 아찔한 교훈 ㅡ

지금 생각해 봐도
그 어린 13살 아이가 어떻게 그런 과감한 선전 포고를 했는지...
이 고비를 넘기지 못하면 난, 영원히 강원도 산골짜기에서
소 풀이나 베고 산에 나무나 하러 다니는
그야말로 별 볼일 없는 농군의 아들로 일생을 마칠 뻔 한
순간이었지요

외톨박이 어린아이 1년 농사 ㅡ
힘들고 외로웠던 그 1년, 무거운 짐을 나홀로 지고 들로 산으로 논 밭으로
두더지처럼 다닌 그 1년,
동네 산마루에 올라 마을아래 학교에서 공 차고 즐겁게 노는 옛 동료들을
바라보면서 울기도 많이 했지요
저 냇가에 작은 감리교회 물소리, 아직도 푸르다 아프다
풀잎처럼 날아와 내 앞에 눕는다
나와 비슷한
처지의 감리교회에 가끔 나가 노래도 배우고
전도사님 성경 말씀도 듣고, 함께 밥 먹는 즐거움이
유일한 락이 였지요
어머니는 그 후 수년이 못되어 돌아가시고
아버지는 나의 진학을 결사반대하신 분이라 학비,
용돈은 꿈에서도 생각 할 수 없는 일....
그런데,
어떻게 중학교를 가고, 고등학교를 가고, 심지어 대학까지...
나에게 중학교란?
걸어서 별나라 가는 길 이라고 할 만큼...
그런데 어떻게...

중학교를 갔을까
이는 기적중에 기적이요 마술중에 마술이 아닐수 없다
학교 간 기억이 희미한데...
그런데 졸업장은 남아 있다

또 이상한 것은
고교, 대학, 멀리 미국까지 날아가
공부했다는 사실...
일련의 과정은 나도 모르는 기적중에 또 기적이 되고 말았다
어떻게 그런 과정을 다 거쳤는지...

멀리서
그런 먼 추억을 돌아보면
고마운 분들이 많았겠지만, 그래도 우뚝선 딱 한 분...

세상을 창조하신
크고 높고 거룩하신
영의 아버지, 깊은 성산에서 "나는 여호와라"
너희가 내 백성이 되면 나는
너의 아버지가 되리라

그렇게 말씀하신 아버지,
참으로 고맙습니다 감사합니다
농사꾼의 아들이 국제신사가 되어
미국에서
서울에서 잘 살아오고 있어요
여기에 복을 더하여 시인이 되게 해 주셔서
요즘 대한민국에서 저보다 더 바쁘게 사는 사람이 있을까 할 정도로
바쁘게 살고 있습니다

80세부터는
가방을 둘러메고 방방 곳곳에 다니며
전도하고 싶다고 기도한 적이 있었지요
아마도 그것을 좋게 여겨
이렇게 좋은 길로 인도해 주신 것이 아닐까
사실,
저는 33년 아버지 곁을 떠나 살다 다시 돌아온 탕자랍니다
뒤늦게 후회하고 돌아왔지요
다시는 그런 바보 같은 행동을 하지 않으려고
매일 2회, 아침저녁 각 30분씩 5년간 집에서 혼자 예배를 드렸어요

1년에 신구약 한 권을 통독,
5년 그렇게 했으니 5번 통독을 한 셈이지요
매일 틈나는 대로 유명한 목사님들 설교 말씀도 겸하면서…
믿음 회복 후 3개월 만에 저는 성령을 받았습니다
대전 중문교회 장경동 목사님의 부흥 설교를 열심히 듣다 보니
지식도 축적되고 성령 체험도 하게 되었지요

하나님의 자녀가 되려면
우선 하나님이 어떤 분이신지 자세히 알고
그에 맞는 믿음 생활을 이어 가야 한다고 생각합니다
교회 다니면서 내 생각, 내 이익, 내 잔꾀만
부리면 그런 사람은 하나님의 백성으로 보기 어려웁지 않을까요
아무런 공부도
실천도 하지 않고 몸으로만 생각 없이 하나님 말씀에
대한 지식 없이 믿음 생활하는 것은
어찌 보면 바보일지도 모릅니다
기왕 하나님 의지하고 믿을 바엔 정말 하나님이
좋아하지 아니하시는 일을 해서는
안 된다고 여겨집니다

믿음에도 큰 결단이 필요하고
변화된 것을 하나님이 인정해 줄 때까지 한결같은 맘으로
밀고 나아 가는 게 중요하다고 봅니다
사회생활도 마찬가지지만 내가 주위 사람으로부터 인정 받으려면
인정받을 만한 일을 해야지요

진실, 정직, 충성, 겸손,
순종, 경배, 찬양, 찬송, 기도, 베품, 사랑, 온유, 절제, 등 ...
적어도 이러한 덕목은
신앙이라면 항상 가슴에 지니면서
또 실천하면서 살아가야 한다고 봅니다
그런 것이 완성되었다고 하나님이 인정해 줄때야 비로서
우리의 큰 소망의 문, 복의 문이
활짝 열리지 않을까요
한 알의 씨앗이 많은 열매를 맺으려면 우선 어두 컴컴한
땅속으로 들어가야 합니다
마찬가지로 나의 희생이 없이는, 하나님으로부터 아무것도 얻을 수
없다고 여겨집니다 (No pain, no gain)
하나님이 무엇을 싫어하고 무엇을 좋아하는지
그 정도는 최소 알고 믿고 따라야...
하나님의 비위를 거슬리는 행동이나 말은 하지 않기를 바랍니다
이상하게도 저의 간증 같은 말을 하게 되어 조금은
미안하게 생각, 끝으로
저의 시는 대체로 체험적 소재를 따서 시로 옮긴 것으로
보아주시면 이해가 빠를 것 같습니다
감사합니다

(2025 07 09 작, 강원도 양양군 현북면 샘제산 산촌 소년 이상록)

● 먼 먼 옛날 이야기 하나 …

강원도 계곡 깊은 마을—
양양군 현북면 상광정리 556번지
가끔 여우가 밤길에 울어 진달래가 울고 가는 마을

우리 집 뜰 밖에는
지금 눈이 내리고 있다

거룩한 밤, 고요한 밤
하늘의 축복이 내려오는 성스런 밤
그런 흐름을 깨고 들려 오는 아버지, 날 부르는 소리

상록아,
상록아 이리와 봐
사랑방에서 잠을 자고있는 나를
그렇게 또 부르신다
하루도 날 찾지 않으면 못사는 우리 아버지
그런데,
오늘은 좀 이상하다
일을 안 시키고 이거 좀 먹어 봐라
이게 뭔데요
이거 옻닭이다
다짜고짜 먹으라고 내민 것은 도시에서 흔히 볼 수 있는
닭백숙 같은 것 —
시골에서 처음 본 음식이다
먹음직스럽기는 했지만 왠지 먹고 싶지가 않았다
이유는 —
닭 30마리 정도, 냇가에 가서 고기 잡아다 주고 키운 정이
깊이 들어 그랬을 것이다

아버지,
성의는 고마우나 먹고 싶지 않아요
뭐라고
이거 돈 주고도 먹을 수 없는 거야
그리고 이걸 먹어야
너 옻이 안 올라
산에 가서 돌아 다니다 툭하면 옻 올라 고생 많이 했잖아

그렇다 ―
옻이 올라 얼마나 고생을 많이 했던가
날 괴롭힌 옻
그놈의 옻 ―
욥이 가려워 기와장으로 벅벅 몸을 긁어 대는 모습
꼭 나를 보는 것 같아 한편
웃음도 나왔다

닭 생각하면 먹을 수가 없고
옻 올라 툭하면, 일주일 넘도록 가려워 긁어 대는 고통을 생각하면
먹어야 했고...
여러분이 저라면 어떻게 하실 건가요

나의 원수
산에 사는 옻나무
잎사귀 만지지 않고도 조금 떨어진 거리, 10미터 거리에서도
나는 옻이 올라 무척이나 고생을 많이 한 13세 시골 아이―

먹을까 말까
나는 뱀 앞에 서 있는 어린아이처럼 한참 조심스런
망설임에 떨어야 했다

그래도 아버지 성의를
생각해서 숟가락을 들었다

몇 숟가락 궁물만 떠 마셨다
맛은 좋았지만 왠지 더 먹고 싶은 맘이 들지 않아
거기서 그치고 말았다

그렇게 적게 먹었는데도
그 후 몇 시간 지나자 나는 몸이 가려워 견딜 수가 없었다
팥알 만한 종기가 벌겋게 돋아나며 온몸으로 번져
나를 괴롭히고 있었다
그다음 날, 나의 얼굴은 부처님 보다 더 둥근
보름달 보다 더 둥근 보름달—

어머니 양양 읍내에 가서
약을 지어줘 먹고도 15일 이상 고생을...
만약
한 그릇 후루룩 다 먹어 치웠으면 어떻게 되었을까
아마도 난 이 세상 사람이 아니였을 것이다

지금 생각 해보니
그것도 다 하늘의 은혜요 돌보심이었다
"내가 세상을 지었노라
　나는 여호와라"

그분이 계셨기에
오늘의 내가 존재하게 된 것임을 나는 뒤 늦게 깨닫는다
참으로 고맙고 놀라운 일이다 중학교에
들어간 것도 기적인데... 고교, 대학,
멀리 미국 유학까지...

어머니는 안 계시고 아버지는
진학을 결사 반대하셨는데… 그런데 어떻게 그 많은 학업 과정을
순조롭게 다 마칠 수가 있었을까

한 계단 한계단
모두가 나에겐 기적같은 일이 되고 말았다

12세 소년의 초등학문
문턱을 넘고, 중학교 진학을 가로막은 아버지 따라
산으로 들로 냇가로, 논으로 밭으로
뱀길 따라 숲길 따라
소몰고 잡초길 따라 그 외롭고 험했던
그 1년 —

나는 멀리서 그때를 그려 본다
냇가에 나처럼 초라하게 홀로 선 작은 교회—
나는 여전히 그 시절 그 교회에서 들려오는 아픈 에밀레 종소리를 듣는다
여름 장맛비에 휩쓸려 바다로 떠내려 가면 어쩌나
나만큼이나 아슬아슬한 처지의 그 작은 교회
아직도 살아 남아 있을까
시집 10권이 채워질 무렵 나는 그 교회 그 뒷자리에 앉아
옛날 내가 앉아서 무릎 꿇고 예배 보았던 그 자리에
앉아서 기도하며 예배를 드리고 싶다
나를 이 만큼 성공시켜준 주님의 은혜 무슨 말로 다 형용하리요
나의 동산에 사계절 꽃피어 고향 가는 발길 가볍다
얼음 녹아 봄을 기다리는 작은 물방울 소리에서
나는 그 시냇가의 추억에 젖고 있다
나도 한때는 너였으니까

(2025 07 10, 당시 13세 소년 이상록)

*알 림 ....

제 1시집 .... (1~ 60편 수록)
....
제 2시집 .... (61~120편 수록)
....
제 3시집 .... (121~180편 수록)

위와 같이 시의 일연 번호를 제목과
함께 게재하였습니다
시 한편 한편을 소중하게, 새 생명 탄생하듯
독립된 인격을 부여하여 앞으로도
계속 그 숫자를 붙이고 또 늘려 가도록 노력하겠습니다

대한민국에서 가장 성실하게, 가장 진실하게
가장 시집을 많이 지은 시인으로 기억되도록
늘 최선을 다 하겠습니다
감사합니다

목차 ....
제 1부 ....

121. 능소화 피는 날 23
122. 시어를 캐다 26
123. 종소리 28
124. 감사하는 마음 29
125. 푸른 나무 하얀 꽃 30
126. 오 월 31
127. 졸업장 32
128. 너의 진실 33
129. 참 새 34
130. 푸른 물결 35
131. 흙에 살다 36
132. 파란 향기 37
133. 라 면 39
134. 풀이 되었구나 40
135. 보리밭 41

목차 ……..
제 2부 ……………………..

136. 바다 추억 …………………………………… 45

137. 석촌 호수 ………………………………… 46

138. 베이사이드 172번가 ………………….47

139. 오월의 기상 ……………………… 49

140. 청량리 기찻길 ……………………….51

141. 달 놀 이 …………………………….52

142. 그대에게 ……………………………. 53

143. 감 자 …………………………… 54

144. 꽃이 되어 ……………………………. 57

145. 나그네, 길 품다 …………………………. 58

146. 난, 나는 ……………………………………. 59

147. 내 사랑 멀리 두고 ……………………….60

148. 산 아래 그림자 ……………………….63

149. 강남역 11번 출구 ……………………… 64

150. 왕십리역에서 …………………………….. 66

목차 ....
제 3부 ....

151. 삼계탕 그집 69
151. Storyteller 70
153. 어제 본 달 73
154. 4월이 오면 74
155. 물 새 75
156. 사랑은 76
157. 소 나 무 77
158. 오라버니 78
159. 나무의 슬픔 79
160. 저 무궁화를 보라 80
161. 하모니카 세구형 82
162. 신은 어디에 84
163. 기다림 86
164. 아기셋 87
165. 밤 12시 88

목차 ········
제 4부 ································

166. 장안동에 살면서 ····························91
167. 바 람 불 ·······································92
168. 우리 집 감나무 ····························94
169. 허전한 마음 ·································96
170. 어느 가을날 ·································97
171. 학교가는 소녀 ·····························98
172. 칡 넝쿨 ···99
173. 도시 매미 ·····································100
174. 무지개 ··101
175. 손끝으로 흐르는 사랑 ·················102
176. 맨드라미 ·······································103
177. 에밀리 영 ·····································104
178. 양 양 ···105
179. 산 너머 양양 ·······························106
180. 철학자 안병욱 교수님 ················107

목차 ....
제 5부(부록편) ....

1. 수필이란 110
2. 수필 엿보기 .....수필 (1~2) 111
       ... 영문수필 (1~4) 116
3. 추억의 사진 128
4. Flushing 사진 130
5. 예쁘고 고마운 분들 132
6. 그리운 이름 134
7. 문인 및 예술가 135
8. 자발적 후원 코너 137
9. 시 창작은 138
10. Dance Party (파티초청) 139
11. 영어 한마디 140
12. 감사 인사 141
13. 당부의 말 144
14. 시인 안내 145
15. 나의 영웅들 146
16. 맺는 말 147
17. 작가 프로필 148

* 능소화—
꽃 피는 시기는
6월초부터
여름 내내 피고집니다

* 꽃 말은

그리움, 기다림입니다
궁녀 소화는 임금의 부름을 받지 못하자
떠돌다 어느 나무 그늘 아래서
죽자 그곳에서 한 송이
꽃이 피어 났다고
합니다

목차 ....

제 1부 ....

*시 121 ~
   ~ 135편이어집니다

● 능소화 피는 날 ....

121. 능소화 피는 날 ... 이 상 록

산 아랫마을에서도
뉴욕에서도 본 적이 없는...

고교 시절
내 마음 흔들어 놓은 그 한 사람
나는
아직도 그 한 사람의 그림자를 찾는다

산언덕
잣나무 숲에 숨어 있을까
소나무 나이테에 숨어 있을까

멀리서 제 어미 몰래
숨어 우는 비둘기 소리에... 난,
아련한 그리움

그 많은 말 다 어디 두고
그 흔한 언약 다 어디 두고

그래요
이 몸, 땅에서 태어나 땅을 파고 땅 부스러기를 캐 먹는
두더지과 였으니까요

속을 잘 알지도 못하면서
무조건 파고드는 두더지 ―
이름도
잘 알지 못하면서 무조건 부르는...

처음 본 —
능소화를 능수화라고 우긴 적도...
남의 이름을 잘 못 꺼낸 죄가 컸을까

어쩌다
다가가 말을 걸어도
소화는 대답이 없다

그래도
한철 웃어 주는 너의 모습에 난,
이 밤길이 길었으면 참—
좋겠다

한강을 바라보며
내가 안 오면 또 지고 말겠지

내년 이맘때
또 오면 너의 환한 미소
내 주머니에 담아 갈 수 있을까
아주 곱게 곱게...

맘으로만
커진 내 어린 시절 사랑도
한 자리를 지켜 주는
능소화였으면...

산 너머 진달래
벌써 지고 없는데...
난, 멀리서, 그 시절 민들레 홀씨로
훨훨 날아

밤마다
하늘을 날고 싶다

길게 남은 내 속에 그 한 사람
그 한 사람
여운도 —

소화의 마음
담 타고 오르겠지
나도 오르고 또 오르면
그리운 이, 볼 수 있을까

임금님
아니면 어떠리
나그네면 어떠리
달은 지고 있는데...

물새
잠든 강가에서
물살에 아롱진 달빛을 따라
내 추억도
아롱져 흐른다
능소화 피는 날...

(2025 07 01)

122. 시어를 캐다 ... 이 상 록

나는 오늘도
두더지가 파 놓은 길 따라 걷고 또 걷는다
때로는 여우굴 속으로 들어가
여기저기 묻어 있는 냄새도 만져보고
가끔 지렁이 뱀도 만나
검은 흙이 먹다 남은 칼날도 들었다 놓았다 부식된 비늘의
무게도 달아본다
숨어 사는 바위 뿌리에 할퀸 핏자국 어찌하랴
밖에 나와
먼바다 끌어당겨 물고기와 해초의 속 내장도 들여다 본다
나뭇가지 언덕길을 나팔꽃처럼 오르다
슬쩍 아랫 마을을 훔쳐본다
긴 호흡에 지구 반 바퀴
서서히 돌고 있는 기운이 흡입되고 다시 산 절반을 마시며 오른다
땀이 도망쳐 나가도
내 몸이 이렇게 무거울 줄이야
나를 업고 있는 이 산이 얼마나 고통 스러워 할까
이제 저 하늘 높은 곳으로
날아 올라가 보자
높고 깊은 시어는 그곳에서 자라고 있을까
달빛 모아 시 한수
별빛 모아 시 한수
꼬부라지고 눈멀고 빗물에 젖은 이야기도
잘 건져내어 바람에
내 슬픈 사연도 곱게 펴 파란 물감으로 백지에
그리고 또 그려가도
끝없는 시어의 잔상들...

나는 지쳐 넘어지고 쓰러지고
계절이 버리고 간 이름 없는 마른 풀 되어 바위틈에서
긴 겨울을 또 견디어 내야...
새처럼
날아갈 만큼 날아가면 되는 걸까
불빛은 보이지 않고
나는 여전히 타다 남은 생풀의 연기같은 존재
물 한 모금 마시지 못하고 겨울 산
꽃 한 송이를 찾다
계곡 바위에 미끄러진다
발톱 검게 물들어 갈라져
나무 뿌리에
새겨진 흠집
한줌
더덕 향기를 흠모하다
뱀이 흘리고 간 허물에서 진실의 실체를 더듬다

(2024 11 28)

123. 종소리   ... 이상록

수양버들 가지타고 널뛰면
   명순이가 보이고 그 옆에 현북중학교 산 아래
     시냇물이 흐르지요

도시락
   안 싸준 엄마 미워

점심시간 집으로 뛰어와 참새처럼 쪼아먹다
   종소리에 놀라 가젤처럼 달려갔지요

상금 없는 달리기
   늘 일등이다

아침마다 12키로 뛰어
   등교하는 어성전 반 친구들
      그중에 상원이가 도 마라톤 대회에서 1등,
      고교 스카웃되었다

그럴줄 알았으면 나도 아버지 졸라
   더 먼 곳으로 이사 가자고 했을 텐데...

샘제산 솔향기 푸르러
   나, 푸른 시절에 머문다

(2025 04 19)

124. 감사하는 마음 ... 이 상 록

내가 존재하는 것은
내가 알지 못했던 신과 위대한 분이 계셨기에...

그래서
한없는 감사와 존경을...
잘 길러 주었든 매를 치며 길러 주었든
다 나를 위한 것이 였으니까요

밖에는 꽃
뚝방 너머 말하고 싶어 하는
알지 못하는 녀석들도 웃고 손짓하고 있으니
집에만 있을 수 없지요
냇가로 들로 산으로...

아, 봄이다
꽃이 예뻐 보이는 것은
그대 맘이 예쁘기 때문이다
새 소리가 귀여운 것은 그대 맘이 귀엽기 때문이다

내가 물을 주지 않아도
내가 모이를 주지 않아도
잘 자라고 잘 커 주는 너희들이 있어
이 계절이 참 아름답구나

보이지 않는 곳에서
은밀히 도와주시는 구름 위에 계시는 거룩한 분, 그분께
먼저 감사를 올리고 싶다

(2025 04 12)

125. 푸른 나무 하얀 꽃   ... 이 상 록

한 계절이
버리고 간 그리움
1년이란 세월 속에서 바람으로 눈비로
그리고
겨울 산이 밀어 보낸 찬 폭우에도
힘겹게 견디어 내며
날,
그리워 했을까
그렇게 낱알 같은 세월은 가고
작은 산 아래 느티나무 가지 사이로 숨어와
바람,
봄을 알려 줘 고맙다
저기 보이는 너 —
몸에 연 푸른 잎을 달고 꽃을 피웠구나
진실해서 눈물이 난다
가시 닮은 비바람에
외로움,
독수리 날개 만큼 컷을 텐데...
날 찾아 여기까지 왔구나
황소의 눈물보다 진한 여운이 흐른다
어머니
달에 가시는 날에도
울지 못했는데... 그런데 네 앞에서
난, 또 울고 있구나

(2025 05 01)

126. 오 월 　　　　　　　… 이 상 록

옥수수 쑥쑥 자라며
　오월이라 말하고 있네

가끔, 인생 풍랑에 휘말려
　　무거운 행군, 고난의 길을 걷는 자
　　　완주한 자
　　　　오월의 축복을 보리라

서러운 계절은 가고
　　이제,
　　　개구리 보러, 왕이 행차할 시간

강하고 담대 하자
　　큰 꿈을 이어가자
　　　힘차게 달려가자

저 푸른 강과 산, 넓은 들판과 평야 지대
　　오월은 전진 하는 계절
　　　앞으로 앞으로 푸르게 푸르게

개구리 따라 잡초길 따라
　　뻗어 가는 자, 모두 오월이어라

　　　　　(2025 05 25)

127. 졸업장   ... 이 상 록

개구리 따라
   소금쟁이 놀던 곳, 나의 놀이터

싹싹 머리 밀어
   갈데없는 고교생
      먼 산 그리움 만

대학 바람 불어
   느티나무 아래서 달과 별, 만지작 거리며
      오! 아! 했지요

어디선가 날아온 졸업장
   "졸업장에 내 이름은 없고 아버지 이름 이광우"
     허허 —
       미루나무 보다 미운 우리 아버지
         이젠 내 졸업장까지...

물길 따라 삼백리
   병아리 걸음 칠백리
      혼자 서있는 뽕나무가 부럽다
        걷고 달려, 1등은 아니어도
          완주한 내 기쁨, 졸업장 대신
            졸업 사진에서 찾는다

(2025 05 21)

128. 너의 진실   ... 이 상 록

꽃이라
자랑하지 않아도, 푸른 잎에 가려도
그 진실을 누가 부정하랴

아 —
향기였다
날 오라 하지 않아도
그대 앞에 멈추어 은은하고 따뜻한
너의 진실에
나는 없고 너만 있구나

고맙다
나보다 왕벌이 날아와 더 깊은 밀어를
속삭여 주는 너

들어온 이야기
잘 담아
낼, 내게도 전해 주렴

이 밤이
또한 설레인다
파도는 먼 곳에 있는데...
어느새
내 속에 바다가 들어와 있구나

(2025 05 25 장안동 중랑천 갔다 오는 길에...)

129. 참새 ... 이 상 록

이른 아침부터
부지런한 참새 떼

우리 집 뜰에서
날 부르는 것만 같다

알 수 없는 언어
늘 반복되는 같은 억양

그들도
우리가 하는 말을 들었으리라

에그
그 녀석, 사람이라고
다르게 봤는데...

늘 같은 말을 하네
후루룩
날아가는 참새의 뒤 모습에서
조잘대는 우리 집 조카 아이들이 생각났다
하하하
살아가는 모습, 다 거기서 거기였네

(2025 06 10)

130. 푸른 물결   ... 이상록

우수수
떨어지는 건 벚나무 벚꽃이 아니라

그대—
웃음이었으면 참 좋겠다

햇살도
나를 봐 달라며
조근 조근 치근 치근
따라오고 있는데...

내 님도
그런 햇살이었으면
참 좋겠다

말하고
몸으로 표현하고

속—
저 속 깊은 곳에 담긴 것을
꺼내어 보여주고
그래서
더욱 가까워지는 그대와 나
합쳐서 흐르면
저 강가
더 푸른 물결이 되지 않을까

(2025 06 10)

131. 흙에 살다   ... 이 상 록

나는 누군인가
눈도 코도 입도 귀도 다리도 없다
있다는 건
고작 몸둥이 하나
나 어떻게
살아 가란 말인가
한 번쯤 하늘의 신에게 따져 물을 뻔도 한데...
그럴 줄 알고
신은 그에게 말할 입을 주지 않았다
창조주의 예측과 예견에
나는 그저 놀라울 뿐이다
털 하나 없이 아기 피부보다 더 부드럽고 얇은데...
어떻게 얼어 죽지 않고
겨울을 나는지
나는 한동안 그게 궁금했다
수학 문제를 가지고 며칠 고민해 본 적은 없지만
이 아이의 살아가는 기적에
나는 지금도 그런 의문이 풀리지 않는다
비가 올 때나 밖에 잠깐 외출한다
그러다 미쳐 돌아가지 못하면 햇살에 쏘여 말라 죽기도 한다
가장 연약한 존재, 늘 남에게 먹힐 뿐 대항도 도망도 없다
그래도 불평불만 하지 않고 습진 나뭇잎속에서, 땅속에서
말없이 습기에 의존해 살아가는 너,
너의 생존 비밀에서 창조주의 손끝을 느낀다
지렁이 (rainworm) ―

(2025 06 10)

132. 파란 향기   ... 이 상 록

꽃은 피고 지고
떠난 님처럼 간다 온다 말없어...

난 오늘도
혼자 뒷산 무덤가에서
날아 온 전화 한 통의 벨 소리를
잠결에 듣는다

내 시상을
훔쳐 갈까 봐
조금 두렵기는 해도
시장통에서 걸려 온 바람끼 많은 어느
여인의 손짓이 아니라면

나는 햇살처럼 맞고 싶다
아니, 그 누구의 햇살이 되고 싶다

길 멈춰
푸른 잎 던져주고
머물러 준,
능소화 처럼
그 깊은 속삭임에 나는 머물고 싶다

시문학
금빛 거목

이육사 이근배
이정록 도종환...

선배 시인 —
님들의 물결에
작은 물방개로 다가가고 싶다

아침 태양이 찾아와도
난, 달빛에 머물러 잠든 휘파람새 대신
푸른잎,
파란 향기로 살랑거리고 싶다

개구리 우는
어느 산속 깊은 늪을 지나
혼자라고 생각할 때...

저 하늘에서
빛나는 낮별의 흔적을 찾아...
거기
님 이름 하나 하나
까마귀 까마득한 날 어느 성산 돌판에
뜻 조각하듯, 새겨 본다
깊은 언어가 된
님들의 얼—

(2025 06 11 장안동에서...)

133. 라면   ... 이 상 록

나라면
   라면을 먹겠다
허기진 몸 이끌고
   이집 저집 기웃거려 봤지만
      오늘 이 식당에 들린 건 우연이 아닌 것 같다
내 주머니 형편 생각해서
   라면을 시켰다
6~7분 기다려서
   따끈 따끈, 김 모락 모락
      아버지 모심고 나서 여러 사람
         함께 모여 참 먹던 추억이 스쳐 지나간다
   앞마당에 참새가
냄새 맡고 기웃 거린다
방앗간 그냥 못 지나가는 참새
   녀석들도 어지간히 배가 고팠던 것 같다
아, 이게 무슨 맛일까
   날개 없어도 하늘 둥둥 떠가는
      구름 나그네
         모처럼 호강에 몸과 맘이 즐겁다
      저기서
   꿀벌이 날아온다
라면을 먹었더니
   내 몸에서 꽃이 피었나 보다

(2025 06 12 장안동에서 ...)

134. 풀이 되었구나 ... 이 상 록

산 너머
비탈진 곳에서 자라는
콩, 감자, 고구마
늘 잡초와 싸우며 살아간다
심지 않아도 어디서 날아왔는지
잡초는 늘 씩씩하게 갈잎 헤쳐가며
잘 살아 간다
도롱농 우비 만들어 여름비를 이겨내시는 우리 아버지
비가 와도 한숨 안 와도 한숨 밭에 심어 놓은
콩밭 생각에 맘은 저 바다 보다 깊어간다
잡초는 혼자서도 잘 자라지만
곡식은 농부의 손길을 받지 못하면 풀 죽어 풀이 되어 간다
청년 시절 달뜨면 외로워
비가 오면 외로워
고백하지 못해 내 그리움 내 사랑도
그런 들풀이 되었구나
흙으로 돋아 주지 못해 잡초만 무성 내 진실은 흙에 묻혀
콩밭이 되지 못하고 들풀과 어울리다
들풀이 되었구나
반짝 반짝 닦아 주지 못해 내 속 사랑은
구름에 가린 가을 달빛
이제라도 귀뚜라미 내 그리움 짖어다오
들풀에 숨은 모기 털어내고...

(2024 09 22)

135. 보리밭 ... 이상록

보리밭 사이 사이
바람 물결 고운 햇살

어둠은 호랑이 등을 타고
밀밭 지나 우리 마을 지우고 간다

보릿고개
산길 타고 왔지요

옥수수빵
먼 나라 미국에서 왔지요

아이들
배고픈 웃음소리, 까르르...
단체로 몸을 말아 구르고 굴러 저 미루나무 위로 오른다
바다가 저기 있었구나
훠이훠이
참새 쫓는 아이들 소리, 언덕 넘어가
보리밭에 앉으면
종달새 뒤뚱뒤뚱 봄 꼬리 잡고 걸어오지요

보리는 아직 푸른데
아버지 손님 불쑥 찾아와, 어머니 한숨
보리보다 푸르다 에그 아직은
보릿고개—

(2024 09 22)

* Manhattan Street NY

*Skyscrapers and People
in Manhattan street New York

* Three ladies who are
  walking in Manhattan street

* Some people who are
  walking along the Manhattan street

목차 ....

제 2부 ....

*시 136 ~
　　~ 150편이어집니다

● 바다 추억 ....

136. 바다 추억 ... 이상록

강변 따라
오후의 시간도 구불구불 휘어져
더위는 풀숲에 머물고
나는
바람 꼬리 잡고 꿈틀대며 긴 물길을 이어 달린다
하늘엔 목화솜 같은 구름만
어디론가 떠나가고
나는 맘 둘 곳 없어 길 잃은 망아지 모양
갈대밭 사이로 미쳐 날 뛴다
스산한 가을바람에 남자는 떠도는 낙엽
누굴 만나 볼까
어디서 시간을 늘려 볼까
한참 물에 젖은 망상으로 강물 위로 날지 못하는
난, 물새 한 마리
먼 추억에서 떠오르는 한 사람
양양 바닷가 백사장 바다 소나무 그윽한 어느 계절에
마을 처녀와 첫 만남
아련히 전해지는 그때 그녀의 속삭임
달빛으로 남다 모래에 스미다
첫 키스는 어디로 가고 그 바다 파도 소리에
맘으로만 여행을 떠나
산 넘어 산, 소나무 가지 따라 달려가면 오래 묵은 할아버지 파도
그곳에 해파리가 살고 있지요 들길에 송아지 뛰어다니지요
논 한 귀퉁이에서 개구리 뛰어나오지요
추억은 자라나 파도가 된
그 바다의 하루 ―

(2024 10 24)

137. 석촌 호수　　　… 이 상 록

호랑나비
어둠에 달빛 그늘에 숨고
칡 넝쿨, 칼진 비탈길에서,

밤나무 —
혼자 밤을 익히며
가끔 외롭다 소리 지르면
밤 가시 그리움 찌르고 입 벌려 알밤 토해내는 소리

석촌 호수에 날아와 까맣게 물든다
님, 떠난 이별 아쉬워
나도 호수에…

사람들
오고 가는 소리, 단풍 익어가고
떨어져 나간 내 사랑 어디쯤 머물고 있을까

달은
또 지고 있는데
구뚜라미 소리도 지고 있는데
알밤 떨어지는 소리에 호수를 떠나
먼 산 다람쥐로
떠돌다

(2024 10 25)

138. 베이싸이드 172번가 　　… 이 상 록

불랙파티 초대장에
검은 거머리가 붙어 왔다
댄스파티는 미국 사람들에게 중요한 일상의 하나

나도 홀에 나가 시계방향 반대로
나방처럼 펑펑 은빛살 가르며 돌아갔다
파티에서 얻은 것은 여인의 웃음소리 그것뿐 －
마을 길 입구에서 내 앞으로 휙 지나가는 검은 물체
다시 한번 내 눈을 피해 지나가기를 반복
저만치 앞서 날아가는 저것 새 깃털인가 여인네 깃털인가
미국 뉴욕 퀸스 베이사이드 172번가

가로수 나뭇잎처럼 내 마음은
물방울 만한 외로움이 하나 둘 번지고 있었다
끝까지 내 주위를 맴도는 이 녀석 나 좋다고 그러는 모양
결국 안방 침입에 성공
첫날 밤 나는 잠에 취해 세상모르고 잠을 이어갔다
아침 일어날 때쯤 녀석은 내 머리 위로 나비처럼 날아 앉아 벽에 걸린 시계
쳐다보며 1시 2시 3시 … 시침을 밀어 내려는 듯
조용한 눈빛으로 날 찔러 댔다

외출 시 마루에서
부엌에서 하루 종일 기다리며 날 보면
땡벌같이 달려와 벌침 대신 솜털같은 이야기를 쏟아내며 몸을 비벼 댄다
너 모기 맞지　거머리 맞지, 저 구석으로 끌려간
이 못난 생각들… 길 고양이 －
아니 혹시 전생에 꽃 한 송이 전해주었을까 그후 20년
님은 어느새 호랑나비가 되어
가끔 내가 없는 집 창가에 머물다 간다
강가 버드나무 가지

사이사이에
새싹으로 돋는 고양이 생각
나도 한때 허름한 땅속 예배실
기도 소리 타고 구워진 빵 한 조각 인생
길거리 마른 뼈다귀에서 쏟아지는 파리떼 웃음소리
검은 고양이 한쪽 눈을 실명한 채
비 맞으며 지팡이 잡고
저 쪽에서 걸어 온다

하늘에서 파란 경전
한 권의 첫 페이지가 열리면서 비는 멈춰서고
바늘 같은 빛 한줄기
튀어나와 흑구름 찌르고
먼지 쌓인 모퉁이 방문 찌르고 아파 누워 있는 나에게로
달팽이처럼 다가오고 있었다

(2024 11 23)

139. 오월의 기상   ... 이 상 록

가자
저 들판으로
오월이 부르는 강으로 산으로
바다로...

초원을 가르는
저 몽골리안의 말을 보라

힘차게
달려 나아가자
함성 높이 부르짖으며 나아가자

잠자는 자
패망하리라
게으른 자 절망하리라

오월은
약진하는 계절
푸르게 전진 하는 계절

모두
일어나 달려 나아가자
저 넓은 초원으로 저 높은 산 언덕위로

독수리처럼
날아가 자유 민주의 깃발을
높이 꽂아 올리자

기쁨의 함성
승리의 함성

대한민국
푸르게 푸르게 뻗어 가는 나라
자유, 평화, 민주를 사랑하고 지키는 나라
내 조국이여 민족이여
영원하라

(2025 05 17 이 상 록)

140. 청량리 기찻길   ... 이 상 록

청량리를 바라보고
서 있는 전농동 가로수 길가
차 멈춰 세워

엔진 소리 잠재우고
나,
팔목에 어제 핀 생각 걸어두고 하늘을 만들어 간다

오고 가는
사람들 사이 음악이 흐른다

먼 곳에
사는 친구들 나를 아는 사람들

아,
옛 추억은
청량리 열차안에 갇혀
대관령을 넘지 못하는 구나

노루따라
삼 만리, 마음은 먼 바다 위에 구만리

꿈틀대는 파도 소리
옥수수밭 지나 청량리 뒷 마을에 이르러
내 앞에 작은 바다 하나가
바운팍 물가에 사는 거북이 처럼
다가오고 있었다

(2025 06 13 청량리 기찻길 옆에서...)

141. 달 놀이 ... 이 상 록

님 떠나가고
어머니도 떠나가고
나 홀로 맞는 이밤
밤하늘 구름 사이 달은 숨어
날 내려다 본다
도시 어느
모서리에 비켜 앉아
보이는 건
울그락 불그락 롯데 타워뿐
나는 이 땅에서
달은 저 하늘에서
우린 서로 숨박꼭질 하고 있었다
내가 숨으면
달은 얼굴을 내밀고
내가 얼굴 내밀면 달은 구름 사이로 숨어버리고
저 하늘에 혼자 떠 있는
달님도
무척이나 외로웠나 보다
자리에서 일어나 집으로 가고 있는
나를 행해 고양이처럼 뒤 따라오는 달님
내일 밤은 날 데리러 오려나
설레는 밤, 별빛으로 깜빡
깜빡…

(2025 05 22 올림픽공원 밤 하늘을 보며…)

142. 그대에게 ... 이 상 록

지난해
뜰에 핀 맨드라미
7월이 되어 쑥쑥 자라나고 있다

그중에 한 녀석은
벌써 내 키 만큼 자랐다

지난해 뿌리는 사라지고
가을 씨앗으로 새 생명을 틔운 맨드라미

겨울 내내
찬 땅속에 웅크리고 있다
다시 지난해 모습으로 환생한 너―

아주 떠난
우리 어머니, 너처럼 다시 돌아올 수 없을까

귀뚜라미 소리에
내 그리움 커 가듯
가을이 다가와 네 입술이 붉어지는 만큼
내 사랑도 붉어질 수 있을까

그대
그대에게
초대장을 보낸다
내 붉은 마음 담긴...

(2025 07 18)

143. 감자 ... 이 상 록

어린 시절
아버지 따라 어머니 따라

산 하나 넘어
산 둘 넘어, 뱀이 스쳐 지나간 길

푸른 숲에
숨어 날 부르는 뻐꾸기

이 아침 권미숙 시인님의 글에서
난,
먼 먼 그 산의 푸른 잎 추억 하나

꿈에 본
앞 바다 파도 같은 소리로 다가 온다

그렇지요
감자의 예찬을 미리 해 주신
권미숙 시인님의 장단에

얼쑤 —
뻥거지 뒤집어 쓰고
한 소리 구름 높은 소리

찢기고
벗겨지고 썩어 버려진 감자 부스러기
모아 모아

깊은 항아리에 잘 썩혀
어머니 손 끝에서 녹아 내리는 ...

녹아서
녹말가루가 된 감자가루 —
그것이
떡으로 빚어지면
그 맛 —
그 멋 스런 맛을 누가 당하랴

하하하
자랑하지 않아도
숨어 있어도 묻혀 있어도
난,
너를 알기에
멀리 못가고 널 곁에 두고 살아간다

105세
김형석 철학자도
감자를 곁에 두고 살아...

아는 만큼 살아
아는 만큼 글을 써 —

베풀어야 하는데...
이웃 사랑 실천해야 하는데...
말없이
감추고 감추어도
그 은은한 향기
멀리까지 다가 온다

아버지
손 끝에서
그대
감자씨 —

허허
나의 향기는 과연 있을까
있다면
얼마나 멀리 갈 수 있을까

(2025 07 07 이상록 양양 시인)

144. 꽃이 되어 … 이 상 록

능소화
능소화 —

그렇게 50번 부르면
능수화라고 부르지 않겠지요

능수버들 —
그런 단어에 젖어 자꾸 실수 하는
17세 시골 소년이…

서울 와서
처음 능소화를 보았지요
아무것도 모르면서…
목 길게 뺀 그 이유도 모르면서…

무조건 좋아했지요
내 첫 사랑 "산 너머 진달래" 사모하듯…

50번 더 부르고
능소화 —
찾아가면,
날,
반겨 주겠지요
말 걸으면 대답해 주겠지요
내 그리움도 꽃이
되어가니까

(2025 07 03)

145. 나그네, 길 품다   ... 이 상 록

맘 닿는 곳에
  푸른 추억
    몸 닿는 곳에 노루길 하나

눈 내리고 비 내려도
  나는 늘 청춘
    삼월 꼬리 끝에서 한들 한들
    늘 푸른 종달새 마음

님은 산 너머 있는데
  언덕 너머 있는데
    쌓이고 쌓인 침묵의 언어 —

안에서 안에서
  울다 웃다 님은 저만큼 저기

오늘은 붓다의 수행
  내일은 산길 수행
    나그네, 길 품다

(2025 06 22 이 상 록)

146. 난, 나는...   ... 이 상 록

어떤
길을 가다

문득
먼 하늘에서 쏟아지는
긴 —
그리움

아니
그 한 사람을

나도
모르는 그 한 사람
이름도
성도
모르는데...

그 한 사람이
자꾸 내 주위를 맴돌고 있다

오늘
만난 꽃 한 송이에서
그 그리움을
찾는다

난,
나는...

(2025 07 24)

147. 내 사랑 멀리 두고 ... 이 상 록

시골에서도
뉴욕에서도 본 적이 없는...

고교 시절
내 마음 흔들어 놓은 그 한 사람

나는
아직도 그 한 사람의 그림자를 찾는다

산 언덕
잣나무 숲에 숨어 있을까
소나무 나이테에 숨어 있을까

멀리서
제 어미 몰래 울어대는
비둘기
소리에...
난,
아련한 그리움을 피운다

그 많은 말 다 어디두고
그 흔한 언약 다 어디 두고...

그래요
난, 땅에서 태어나
땅을 파고 땅 부스러기를 캐어 먹고 사는
두더지과 였으니까요

속을
잘 알지도 못하면서
무조건 파고드는 두더지 —

이름도
잘 알지 못하면서
무조건 부르는 ...

처음 본
능소화를 능수화라고 우긴적도...

남의 이름을
잘 못 꺼낸 죄가 컸을까
어쩌다
다가가 말을 걸어도
소화 —
대답이 없다

그래도 한철 웃어 주는
너의 모습에 난, 이 밤길이 길어으면 좋겠다

한강을 바라보며
내가 안 오면 또 지고 말겠지

그래도
내년 이맘때 또 오면
너의 환한 미소
내 주머니에 담아 갈 수 있다면,
아주 아주 살며시
곱게 곱게

맘으로만
커진 내 어린 사랑도
한 자리를 지켜주는 능소화였으면

산 너머 진달래
벌서 지고 봄은 가고 없는데
난
멀리서
그 시절 산 뻐꾸기 흘리고 간 속 마음 한 웅큼 뭉쳐
저 한강에 던져 보리라

길게 남은
내 속에 그 한 사람의 여운도 ―

소녀
소화여 ―

(2025 07 01 이상록)

148. 산 아래 그림자 ... 이 상 록

바다 위 푸른 하늘
나,
새가 되어 날아가던 날

아버지
산 아래서 어미소 붙들고 있었겠지요
까마귀
날아 올까
까치
날아와 줄까
그렇게 기다린 긴 세월
그 산에 녹아 푸른빛 하나로...
멀리서 바라본 선 하나
산은 산, 구름은 구름
아,
아버지
산으로 살다 산이 되셨군요
하나를 얻으면
또 하나를 잃어야 하는...

산 아래 옥수수밭
먼 바다의 옛 추억 슬금 슬금
옥수수밭에 마음 하나 벗고 풀잎처럼 누워 있을 때
7월의 바다는 거기서 조용히
만들어지고 있었다

(2025 07 03)

149. 강남역 11번 출구   ... 이 상 록

나 혼자
걸어 나와 강남대로에
오가는 차량을 본다

꼬리에 꼬리를
마음에 마음을
거리에 거리 두고 어디로 가는 걸까

양편으로
오가는 사람들의 발걸음도

모두가
바쁘게 사는 걸까
아니면
세월에 떠 밀려 그냥 살고 있는걸까

나는
먼 시골 먼 고향
뻐꾸기 혼자 외롭다
울어대는
그 시절의 산새를 불러 본다

나
여기 있다
나도 너처럼 한때 외로워
산에서 연못가에서
알 수 없는 그리움 태우며 살았지
고향 떠나 40년

너도
그 산을 떠나 이곳으로 오렴
넌 너의 노래로
난 나의 노래로

이곳
강남 거리에 뿌려 보자
여기에
산 하나 우뚝
솟아오를 때까지
산까치 찾아올 때까지,
우리도 그들처럼 푸르게 푸르게
가꾸어 가자

(2025 07 04 강남역 길거리에서 작가 이상록 ...)

150. 왕십리역에서...　　　... 이 상 록

강남에서
돌아오다 중간역 왕십리에서
또 지하철을 기다린다
몇 분지나
내 앞에 선 5호선 지하철
퇴근 시간이 가까워 사람들 많아
지하철 생기면
지상에는 길 뻥 뚫릴거라고
호언장담한 먼 옛날의 한 후보―
길은
어디에도 한가하게 놀지 않았다
일하는 건
사람뿐만이 아닌 듯...
그래
바쁘게 돌아가는 세상
모두가 바쁘게 살아가고 있구나
장한평역에서
내려 빵하나 사 먹고
계단위로 올라 밖으로 나와보니 해는 서쪽
우리 집으로 향해
가고 있었다
나보다
먼저 가고 싶어 하는 햇님
저만치 멀어져 가는 기차 소리
서로가 부딪히지 않아서 또 그리운
님 ―

(2025 07 04)

* A Lake
   in the Park
   of Kissina Park NY

*A lady who
   is walking
   around Kissina Park

목차 ....

제 3부 ....

*시 151 ~
　　　~ 165편이어집니다

● 삼계탕 그집 ....

151.   삼계탕 그집   ... 이 상 록

몇 분지나
삼계탕 한 그릇 불쑥

음 —
어디 숨어 있다 이제 왔니

님 떠나 가고
친구 떠나 가고...
모두가
맛을 모르고 떠난 사람들...

어서, 오라
떠난 이들이여

큰 보약 한 사발
국물도 쭈 — 욱
인삼주도 쭈 — 욱

그런 즐거움
한 사람이 담아 들고
지는 해를 따라 어슬렁 어슬렁
오랜만에 황소가 밟고 간
시골길을 들고
님 떠난 이 도시에서
혼자 걷는다

(2025 07 04 삼계탕집에서...)

152. storyteller   ... 이 상 록

눈이 오면,
눈이 오면
우리 마을에 쌓이는 건
눈이 아니라
아버지 헛기침 쌓여가지요

어둠이 내리면
어둠이 내리면
작은 동네 초가집에서 흘러나오는 소리
그건 물소리가 아니고
아버지 따발총 같은 일장 연설이랍니다

우리 아버지
일제 강점기를 지나 초등학문도 없는데…
어디서 들었을까
어디서 배웠을까

길 가다 멈춰
아버지 음성을 듣는다
좌중을 압도하는 크고 맑은 통소리

도산 안창호선생님 울고 가시겠네요
철학자 안병욱 교수님도 울고 가시겠네요

그런 멋진 음성하나
왜, 나에겐 주어지지 아니 하였을까

헌칠한 키
잘 생긴 우리 아버지, 그런 유전 인자 하나
왜, 나에겐 주어지지 아니 하였을까

아버지에게서 받은 건
나를 이 세상에 태어나게 해 주신 것
그것뿐인가 보다

그런 생각에
지금도 아쉽고 섭섭한 생각
가끔, 아버지 마음하나 꺼내어 꼬집기도 한다
이놈아,
뭔 소리... 배부른 소리 하지마라
몸 건강하면 됐지
뭘 더 바라느냐
하늘에서
벼락같이 떨어지는 무쇠 소리
아 무겁다
하나님께 불평한거 아닌데
저를 난 육신의 아버지를 말하는 건데요
뭐라고...
내가 한 말 기억 못하느냐
뭔대요
"네 부모를 공경하라"
알지요 구약성경 10계명, 영어로도 말할수 있어요
―Honor your parents―

그래 알고만 있으면 뭐하니
실천을 해야지 실천을 ...
"실천이 없는 믿음은 죽은 믿음이라"―
 예, 하늘의 아버지
 명심하겠습니다

 낳아 주고 길러준 그 은혜가
 얼마인데...

그렇지
오늘부터 나는 나를 지운다
이렇게
엉터리 살아온 세월은 다 무효야
고마움
모르고 산 세월도 다 무효야
베풀지
않고 살아온 세월도 다 무효야
누군가를
사랑하지 않은 세월도 다 무효야
이토록
멋진 우주를 누가 만들어 주었는지
한 번도
생각 못해봤다면 그 삶도 무효야

아버지는
수다장인가 연설가인가

동네 인기를
한 몸에 지니고 산 우리 아버지
그래도
저를 낳아 주셔서 감사합니다
영화속에 길게 담겨진
필름같은 아버지는
스토리텔러 ㅡ

(2024 04 06   이 상 록)

153. 어제 본 달　　　　... 이 상 록

어제 본달
이상하다 너무 외로웠을까
저 만큼 서 있구나

고개를 숙여
날 내려다 보고 있다 점점 다가오고 있다
손 뻗으면 닿을 거리...

얼굴이 붉다
와인 한잔했을까
아니면 몸이 무거워 내가 사는 마을로 이사 오고
싶어 했을까

알 수 없는 그 속사정
올림픽 대교를 넘어오면서
나는
자꾸 달을 쳐다보다 그 속에 한 사람
님일까 어머니일까
아, 달을 붙잡고 있은 건
님 같은
어머니였었다

(2024 04 09   이 상 록)

154. 4월이 오면 ... 이 상 록

야호
4월이다
맑은 하늘로... 내 눈 길게 날아간다

저 먼 들판에서 불어오는
바람 소리
작은 냇가에서 버텨온 이름 없는 들풀
나물 캐는 봄 처녀
올해도
저 언덕 위에선 복숭아꽃
내 맘 할퀴고 간 님처럼 피어오를 것이다
마을마다
물레방아 돌아가는데
어미소 따라간 송아지, 봄을 몰고 오는데
가자
저 들판으로
가자 저 강가로
망둥어 뛰어 오르듯
하늘 높이 뛰어 오르자
우리의 희망과 꿈, 멀리멀리 던져보자
활활 타오르는 활화산처럼
우리의 열정과 의지를 태워보자
우리의 영웅, 손기정 선수의 애국정신을
이어가자
활활 타오르자
더 뜨겁게
더 세차게...

(2024 09 17 이 상 록)

155. 물 새   ... 이 상 록

그리움
달빛 타고 오지요

아침 햇살이
전해준 그 한마디
아
눈부시다
꽃피고
새가 우니
이 마음 어디 두어야 하나

강물에
띄워 볼까
저 하늘에 띄워 볼까
몰래
그려본 그 한 사람

나 ―
오늘도
다가가지 못하고
그리운 마음만
물새처럼 날아가고 있구나

물새
나는 물새

(2024 04 14   이 상 록)

156. 사랑은...

... 이 상 록

사랑은
깊은 산 숲속에서
거미줄 치는 풀벌레 노랫소리
아주 천천히, 아주 부드럽게, 아주 다정다감하게
서로가 처음 받은 느낌을 그렇게 이어가는 것, 말없이 더듬이 하나로
모든 걸 다 파악하는 작은 풀벌레 사랑학 강의를 듣다가 천천히 다가 간
다 작은 신호를 꾸준히 보낸다 이 계절 꽃잎이 다 지기 전 내 가슴에
봉오리진, 그리움 하나 그처럼 다가가 터뜨려 볼까
달빛 아래서 그리운 이를 위한 세레나데
불러본다 눈 내리는 고요한 밤에
마음 모아
하모니카를 불러 본다
그리움에 지치면 편지를 쓴다 그대 ㅡ
그대가 남긴 눈빛 여운 3년 사랑이 뭔지도 모르면서
말없이 밀밭에 숨어 이젠 맑은 향기로 돌아와 내 붓 놀림에서
뛴다 남녀의 진실한 사랑은 말꼬리에 있지 아니하고 달빛에 구워진
작은 목소리 ㅡ 이젠 날 좀 안아 줘요 라는 말이 들릴 때까지
기다려 주는 것   내 입술에 풀잎 같은 키스가 날아
올 때까지 기다려 주는 것, 붉은 피의
열정으로 넓은 가슴으로
다가가 꼬ㅡ옥
안아 주는 것

(2024 08 29)

157. 소나무   ... 이 상 록

강 건너
산 넘어

진달래
피는 마을 언덕에 이르면

산바람
일으키는 큰 소나무
혼자 나이만 먹고 있다

오랜 풍상에
흔들흔들 아픔도 많았으리
떠나는 이들의 뒷모습에 가시 달린 톡 매운 눈물도 흘렸으리

늘
그렇게 천년을
녹여가는 소나무

오늘은
다람쥐 등에 업고
자장가 자장가를 부르고 있구나

(2024 04 23 이 상 록)

158. 오라버니   … 이 상 록

누군가
등 뒤에서 부르는 소리

오라버니 —

바위 틈에서
돋아나는 작은 꽃 한 송이처럼
귀엽다
달콤 예쁘다

오늘은
백합향기 없어도 취해간다

오라버니 —

정겹다
암탉이 알 낳고 부는 소리
그렇게 불러 준 알밤 떨어지는 소리

내 등 뒤에
그 한 사람 —

그 말에서 난 오랫동
웅크리고 있다 돋아나는 작은 새싹을 본다
그 사람이 피어 오르고 있다
오늘 하루가 태양보다
크다

(2024 04 28   이 상 록)

159. 나무의 슬픔 ... 이 상 록

어느 한 마을을 걷다
  조각난 역사의 땅에서 홀로 살아가는
    나무를 본다
      교회 창문 틈사이로 들려오는 찬송가 소리
        내 귓가에 잠시 머물다
      나비처럼 날아 나뭇가지에 앉는다
    나도 덩달아 따라가 보았다
총탄의 흔적과 칼자국이 여기저기 나 있었다
  많은 사람들도 한때 그렇게 고생하다 갔구나
      산에서 들에서 성당에서 교회에서...
        기도하는 사람에게 누가 총부리를 겨누었을까
      스쳐간 역사의 한 단면을 실은 수레가 귀뚜라미 울음에
    삐걱거리며 걸어오고 있다
나무에 박힌 쇳덩어리
  딱정벌레처럼 살을 갈아먹으며 안으로 안으로
    진격해 들어가고 있었다
      녀석은 포승줄에 묶인 포로 군인처럼
      아무 저항도 못하고 말없이 눈물만...
    누구의 만행이었나
누구의 장난이었나
  아픔을 안으로 삭히며
      성스런 뜰 안에서 나무도 기도를 하였을까
    위로 뻗쳐 오르는 나뭇가지는
하늘 빛으로 힘차게 솟아오르고 있었다
    오르고 또 오르면
      언젠가는 그 소원 이루어 지겠지요

(2024 06 19 이 상 록)

160. 저 무궁화를 보라 ... 이상록

백두산 한라산
민족의 맥박이 뛰고 혼이 흐르는
두만강 영산강
오늘도 우리 영웅들의 숭고한 희생과 애국 정신은
말없이 도도히 흐르고 있다
침략과 전쟁의 상처 무고한 희생자 넋 무엇으로 달랠 수 있으랴
이 민족의 슬픈 역사를 우리는 얼마나 알고 있는가

민족의 분단은 또 어떤가
처참한 6.25 전쟁, 반목과 대결, 휴전은 아직도 진행중
무엇이 이토록 이 나라를 반으로 갈라 놓았을까
민주와 반 민주, 자유와 반 자유, 무엇이 옳고 그른가
70여년이 지난 지금, 우리는 그 답을 알고 있다.
그런데, 현실을 어떤가
내 나라만은 되찾겠다고 목숨바친 유관순 누나의 후예는 있는가
안중근 의사의 정신은 살아 있는가
님들의 애국 정신을 이어가자
마음을 하나로 단결하자

7월 들녘의 비는 쏟아져도
우리 꽃, 우리 모두의 꽃, 무궁화는 피어나고 있다
창밖으로 뛰쳐 나아가자
비를 맞으며 무궁화 향기를 끌어 안아보자
아, 겨레여 동포여
유관순 누나의 민족정신을 이어가자
애국정신을 이어가자
불의에 맞서 싸우자

내 조국을 위하여
죽을 목숨이 하나밖에 없는 것이 한이로다 한이로다
감옥에서 그렇게 외쳤던 유관순 누나,

한철 지나간 태풍이었을까
그런 일본도 이젠 우리의 친구요 동맹국이 되었다
조국 광복의 선물을 준 고마운 나라
바다 건너 ― 미국
선교사를 파송해서 교회, 학교, 병원을 지어 준 은혜로운 나라 미국
하나님을 믿는 나라

6.25 전쟁터에서
쓰러져간 젊은 미군 병사 4만 7천명
우리는 이 역사적 사실을 한시도 잊어서는 안된다
꽃 피기도 전에 알지도 못하는 나라
코리아에서 젊음을 바친 미국 병사들에게 거룩한 무릎을 꿇고 싶다
그리고 이어 영국, 호주 필리핀 등 16개 국가에도
깊은 감사를 올리고 싶다
자유를 지키기 위해 싸워준 고마운 나라여! 병사여!
영원하라!
영원하라!
영 ~ 원 하라
우리도 그들의 형제가 되리라
다 함께 자유민주주의를 향하여 손에 손잡고
힘차게 달려 나아가자 형제여, 겨레여, 동포여 ―
오늘도 우리 가슴에 무궁화 꽃, 겨레의 꽃, 영원히 영원히 피워가자
내 조국 대한민국, 영원히 영원히
지켜 나아가자

(2024 07 09 이 상 록)

161   하모니카 세구형   ...   이 상 록

여름엔 바다에서 보내고
가을엔 머루가 익어가는 산에서 보낸다

그런 계절이 가고
눈 덮인 알프스 산에서 덥다고 도망쳐 나온 겨울바람이
우리 샘제산 마을을 찾다
며칠 같이 지내보니 하루가 1년 같구나
따뜻한 정 하나 없는 이 차가운 녀석하고 어떻게 이 겨울을 보낼까
눈 오는 겨울밤에 혼자 사랑방에 눕는다
저 바다가 내 안방으로 들어와 나를 꼭 껴안아 줘
저 산도 질세라 우리 집 앞마당에 걸어와
춥다고 문 열어 달라고 한다

허허
내가 헛살진 않았군
그런 위안으로 하늘에 마음 하나 던지고 다시 눕는다
밖에는 춥고 눈은 여전히...
어둠이 찾아왔지만 눈빛으로 세상은 환하고 밝아
먼 옛날 우주가 만들어질 때
제일 먼저 우리 마을 현북면
상광정리 바람불을 만들었을 것이다
신이 보내준 고요하고 성스런 밤 ― 무대도 없고 관객도 없는 눈 쌓이는
마을 저편에서 ― 한 사람이 걸어오고 있다
하모니카 그 형이 ―

해는 저어서 ―어두운데―
밝은 다~알 만― 쳐다 보니―

청아하고 애절한 가락에
소쩍새도 울고 갈 것이다
2중창 3중창 베이스 깔고 하모니를 이루면
나는 구름위에서 녹아 ― 창가에 부딪히는 겨울비가 된다
하모니카 ―
요 조그마한 녀석이
어떻게 그런 멋진 화음을 ―
바람 멈춘 마을에 눈이 또 내리고 있다

달도 지우고 별도 지우고
한 사람을 보여주기 위해 눈이 내리고 있다
저기 하모니카 부는 한 사람
아주 멋지게 잘 부는 한 사람 창숙이 오빠 세구형이다
세구형이 하모니카 불며 걸어 온다
먼 옛날 그 시절이 또 다른
천국이 되어 다가오고
있었다

세구형
그 한 사람이
하나님처럼 다가오고 있다

(2024 07 10   17세 소년의 마음, 이상록)

(*이 시를 이웃집에 살았던 세구형을 그리워하며 지은 시
  사춘기 감성이 예민한 나에게 큰 감동으로 전해진 세구형의
  눈 오는 날 불어 준 멋진 하모니카 아직도 소년의 귓가에는 그 시절
  구슬픈 소리로 들려 옵니다 세구형 어디계신가요
  창숙이 보다 세구형을 더 좋아한 거 모르시죠 ㅎㅎ)

162. 신은 어디에...   ... 이 상 록

성산 대교를 지나며
저 멀리 지는 해를 바라 본다

하루 일을 마치고
귀가하는 태양의 눈가에서
슬픈 눈물이 흘러 내리고 있다
누구와 싸웠을까
아하, 어제 우리 마을 한 청년이 우물을 파다 5미터
웅덩이에 빠져
죽었다는 소문을 저 태양도 알고 있는가 보다

태양의 표면 온도가
6천도가 넘는다고 한다 그 불덩어리가 그렇게
수십억 년 타면서도 변함없이
같은 형태, 같은 크기를 유지하는 비결은 무엇일까

태양의 그런 신비함
과학으로 다 증명할 수 없다면
신은 있지 않을까요

우리에게 푸른 채소를 주고 과일과 곡식을
여물게 해 주는
태양이 그저 고마울 뿐이다
태양아 —
너는 베풀기만 하니
가다 졸지 말고 가다 강물에 빠지지 말고
다시 돌아오라

너를 만든이가 누군지
너는 알고 있지, 시원하게 말해 다오

첫째 날은
둘째 날은
셋째 날은 ....

아하, 그렇게 하루하루 세상을 말씀으로 지으신
지극히 높으신 이, 그 위대한 분
나는 여호와라
내가 세상을 지었노라

그런 따뜻한 음성을 들으며
추석날 강원도 산길을 오르다
마주친 아주아주 크고 둥근 처음 본 저 태양
지구 보다 크다는데... 어떻게 저렇게 큰 것을 동그랗게 만들었을까
아니 저절로 태어났을까
자연적 태생이라면
고구마같이 들쑥 날쑥하게 생겼어야지...
저건 자연이 아니야 그렇지
완벽한 동그라미 저 거룩한 미소 ㅡ
미소조차 둥근
저렇게 완벽하다면 누군가가 디자인한 게 맞지 않을까
그럼 그렇구 말고...
그럼 딱 한 권, 그 책에 나오는 그 분
"나는 여호와라"
 33년 지나서야 ... 그 음성을 듣는다
 너무 늦은 깨달음, 시작은 이제부터다
 나는 어제의 내가 아니였다

(2024 07 10   이 상 록)

163. 기다림   ... 이 상 록

창가에서
날 기다린 햇살
소리 없이 들어 와
날
꼭 껴안아 주네

간다 간다
하는 마음 10년 넘어도 미국 못 가고

오네 오네
하는 사람 10년이 되어도 오지 못하네
지친 그리움
앵두나무에 걸어 놓고
날아가는 기러기 한 쌍을 쳐다 본다
구름 타고 왔을까
산 아래 흰옷 걸치고
다가오는 저 먼— 한 사람

날 보고
걸어오는 걸까
빨간 앵두 보고 걸어오는 걸까

붉은 입술
님 그리움 하나

(2024 07 11 이 상 록)

164. 아기 셋　　　　　... 이 상 록

둔촌역을 지나
가락시장 사거리 큰 나무가
아이 셋을 데리고 있다

어젯밤
나홀로 그곳을 지나갔다
다시 돌아와 자세히 보니 아이가 아니라 이제 막 자라나는
어린 새싹 나뭇가지
나무의 나이는 70살 정도
어떻게 이런 새싹이 나왔을까
자식 많아도 모두 훌훌 떠나가는 세상, 어디 자식 냄새 맡을 수 있을까
그런 푸념을 하고 있는 듯
오죽 외로웠으면
어린아이 셋을 빚어 냈을까
저만치 멀어져 가는 나에게 밀려오는 말
당신도 아들이 필요하잖아
내일 이라도
당장 만들어 봐 아직 안 늦었어
100세에 아들 얻은 사람도 있었잖아
아브람, 그래요 어떻게 믿어요
내일 다시 와요 자세히 알려 주지오
이 밤이 지나면 나도 곁가지 아들 셋 쌍둥이를 가질수 있겠구나
그런 생각에 하늘에서 천개의 별이 쏟아졌다
집에 가서 운동화를 찾아 봐야겠다
이 밤이 너무 길구나

(2024 07 14 　 이 상 록)

165. 밤 12시   ... 이 상 록

깊은 밤
잠실 대교를 지나간다
모두가 잠든 밤 아무도 없는 거리
나 혼자 시원하게 달려 간다
뻥 뚫린 거리 로마 제국의 황제가 부럽지 않다
밤 12시경
두 사람이 내 차를 탔다
한 사람은 컴퓨터 작업을 30년 하다 보니
눈이 완전히 실명된 상태
누가 도와주지 않으면 그 어디에도 갈 수 없다고 결혼도 못하고
혼자 더듬으며 침실과 욕실을 눈 없이 찾아가는 거룩한 사장님.
이런 사실을 접하고부터
나는 컴퓨터 작업을 할 때는 꼭 보안경을 쓴다
우리 주변에서 일 잘 안 풀리면 빨리 죽고 싶다고
뭐 이런 세상이 있느냐고...
그런 불만 터뜨리는 사람들에게 딱 한 달만 눈 안 보이게
하면 어떨까요 난 오늘도 서울 시내를
다 볼 수 있어 행복했습니다 나를 도와준 하늘의 신에게 먼저 감사
이 세상을 볼 수 있다는 것만으로도 행복한 사람
날아가는 새 보다 더 잘 날아가는 사람
이 세상 다 가졌다고 생각하는 사람
여기 있습니다
행복은 어디있을까요
여기있다 저기있다 내 마음에 있다
인생의 질곡을 몸소 체험하고 느끼고 깨달은 자만이 알 수 있는...
행복은 고통에서 흘러나오는 법, 찬 겨울바람을 이긴
진달래처럼

(2024 07 14 이 상 록)

* Flushing Library
  Queens, New York

* A Church
  in Flushing New York
  (November 11, 2005)

목차 ....

제 4부 ....

*시 166 ~
　　~ 180편이어집니다

● 장안동에 살면서 ....

166. 장안동에 살면서   ...   이 상 록

장안동 사거리
한 모퉁이에 삼 형제 나무가 어깨동무하고 있다

사이좋게 지내라
기도 많이 하여라
항상 남을 도와 주어라

아버지의 그런 말씀이 그 땅에 묻혀
허허
나무가 착하기도 하지 기도 많이 해서 그런가
어느 날, 예쁜 소녀가 다가와 매일 물 한 잔씩 나눠 주고
나비같이 춤을 추다 간다고 한다
소녀의 춤
영국 휴양도시 블랙플에서 이 소문을 들었을까요
이번 가을 세계 거리 춤 축제 때 런던 사람들 한 추럭 타고 온다네
장한평역 근처에 더 오페라와 블랙플이 세계 출전선수 양성 및
서양식 파티 명소로 ...
몇 해 전, 경남호텔과 바우하우스를 황소가 끌고 가
아직도 돌아오지 않고 있다
장안동 뚝방길 벚꽃도 기다림에 지쳐
꽃잎 하나 훔쳐 간 계절 뒤에 숨어 ㅡ
난, 중랑천 냇가에서 혼자 우두커니 서 있는 저 하얀 새를 본다
나도 너처럼 떠난 님을 그리워하고 있구나
여기 저기 개나리 봄소식 전해 오면
너와 나의 소식도 어미 찾는 송아지처럼
솔솔 다가와 주겠지

(2024 07 17 이 상 록)

167. 바람불   ... 이 상 록

학교 갔다 돌아오면
방추골 밭으로 오거라
아침밥을 드시면서 아버지는 그렇게 툭
예 아버지

아버지 성격이 워낙 불같아
이에 조건을 달거나 항거할 수 없다는 걸 나는 잘 알고 있었다
마음 같아서는 친구들하고 공차며 놀고 싶은데...
학교 수업 마치고 집에 돌아와 가방 던지고 뒷산 고갯길 넘고 넘어
마지막 언덕 위에서 아버지를 불러본다
아버지 아버지 ―
늘 어미소와 함께 일하는 아버지
나보다 어미소를 더 사랑하는 우리 아버지
소는 착하고 예쁘다고 자주 머리 쓰담아 주면서 나에겐 칭찬 같은 건 없다
걸핏하면 감자 캐러 가자
풀 뜯으러 가자
고추 따러 가자
사실 나는 농사일 보다 공부가 더 하고 싶었는데 ...
우리 부모님은 그런 나를 아예 무시하고
저 지구 밖으로 끌고 가고 있었다
늘 농사일을 거들어 줘야 했기에 학교 성적이 잘 나올 리가 만무
1년 아버지와 농사일하다 중학교 입학하면서
나는 큰 결단을 내려야 했다
무조건 아버지 눈을
피하자 학교에서 돌아오면 집에 있지 말고 뒷산 묘지 뒤에
숨거나 대나무 숲속에 들어가 두더지처럼 몸을 숨기고 공부를 했다
간혹 살쾡이 털도 보였고 뱀이 왔다 갔다는 증거 ―
뱀 허물도 보았다

어린 시절 살던 마을 —
하조대 인근 마을 상중하광정리 일대를 —
바람불이라고 불렀다
초가집도 날아가고 세워 놓은 지게도 날아가고 100년 된 소나무가
뿌리도 못 찾고 날아간다
불같은 바람이 사는 바람불에서 나는 살고 있었다
산에서 부는 바람 대나무 숲을 스쳐 지나간다
강바람 도둑처럼 쳐들어와 한방 맞고 날아간다 심술 궂은 바람은
끝내 감나무 가지에 걸려 밤새도록 울어
바람불에 거만한 바람은
모두 별이 지기도 전에 별똥이 되고 만다
바람불 오늘도 모래 들어 마을 사람들 얼굴을 후려치고 있을까
1980년대 바람 없는 서울은 마치 천국에 온 것 같았다
그런데 지금 2025년 서울은 그때 서울이 아니였다
날 찾으러 고향이 바람이 서울로 온 것일까
그럴 줄 알고 난, 미국에 숨어 있었지...
바람은 바람을 낳고...
나는 나를 낳고...

(2024 07 18   이 상 록)

168. 우리집 감나무　　　… 이 상 록

할아버지가
꿈에 보고 사들인 넓은 땅
우리 집 앞마당과 함께 사이좋게 살고 있다

아들 숫자대로
열두 그루, 줄지어 심은 감나무 어른 나무가 되어 기쁨과 행복이
그 나뭇가지에서 도란도란

감나무,
겁이 많아 잘 부러진다
감 딸 때는 긴 대나무 끝을 V자 모양 주둥이로 만들어
가지 꼭 찝어 꺾어 감을 딴다
학교 갔다 돌아오면 나는 감나무에
다람쥐처럼 올라가
노래하며 감을 따고 늦가을 나뭇잎 다 떨어지면
동쪽 끝 가지에 맺힌 하조대 겨울 바다가
추럭처럼 늘 내게로 달려왔지요
아버지
지나가시다 가끔
상록아,
까치 밥은 남겨 두어라
논에서 모심으며 새참 먹을 때도 저 멀리 지나가는 사람
여보게, 호택이 막걸리 한잔하고 가,
큰 소리로 부른다 그런 광경이
아직도 오뉴월의
들풀처럼 …

감나무—
20년 넘도록 나를 지켜줘
고맙다 온몸으로 날 안아 주어 고맙다
나를 사랑 했나 봐
좋아했나 봐

허허
감나무 사랑 흘러내려
나도
그 누구를 사랑할 나이, 17세 소년의 가슴
이토록 붉어 졌는데…
감나무 홍시처럼
빨갛게 타고 있는데…

할아버지 유언 —
감나무는 잘 알고 있었구나

나를 지켜주고
먹여주고 온몸으로 감싸준 열두 그루 감나무
고마워
세월따라 가고 없는 감나무 그림자
할아버지 따라 아주 갔구나
멀리서 고향 뜨락을…
그 시절 감나무를…
그리워 한다

(2024 07 14. 17세 소년 이 상 록)

169. 허전한 마음 ... 이 상 록

어둠 밀려와
눈처럼 내 마음에 쌓여간다

꿈에 쌓인 눈
바람에 날려 보내 온 세상 하얗게 번져간다

이젠
하늘에서 내려온 눈 세상이 되었다
노루가 뛰어 다니는 마을
시기 질투 탐욕이 없는 깨끗하고 거룩한 밤
이런 모습이 바로 하늘나라 아닐까

땅에 쏟아진 나라
봄소식 전해 올 때까지 뒷산 참나무 가지에 묶어 두고 싶다

길거리에
10센티 20센티 30센티
시름없이 쌓여가는 눈, 소년의 마음

눈 쌓이는 높이만큼
내 그리움도 쌓여만 가네
앞집 여인 소리없이 쌓여만 가네

(2024 09 16 이 상 록)

170. 어느 가을날　　　　　　... 이 상 록

1944년 어느 가을날
길거리에서 점심을 무료로
제공하는 모 자선단체를 찾아갔다

방송도 타고
잘 알려진 단체
좋은 일 하고 있구나 나도 도와 주어야지
그런 생각을 하고
술 담배 안 한 돈 120만원을 모아 주머니에 넣고 즐거운 맘으로
버스를 타고 갔다
차에서 내려 그 자선단체 건물 안으로 들어가 보니
여러 사람들이 식사를 하고 있었다
혼자 서성거리며 이리저리 눈을 돌려도 내게 다가와
말 거는 사람이 없었다
더 이상 지체하기가 부담스러워
그냥 밖으로 나와 집으로 돌아올 수밖에 없었다
내가
양복을 입고 가서 그랬을까요
멀쩡한 젊은이가 여기는 왜 왔어 뭐 그런 소리가
내 등 뒤에서 들리는 듯했다
먼 옛날 얘기지만 지나가는 길에
그때 그 일이 생각나
추억의 그림자 한 조각 썰어 잠깐 맛을 보려고
슬그머니 꺼내어 썰어 보았다

(2024 07 18 이 상 록)

171. 학교가는 소녀 ... 이 상 록

산 너머
소녀의 마을이
4월을 불러 꽃을 피운다

개나리도 질세라
소녀 앞세우고
우리 집 돌담길 따라 걸어 간다

아침마다
학교 가는 소녀
두 갈래 잘 땋은 검은 머리
바람에 흔들
고춧잎 내 마음도 흔들

저만큼
멀어져 가는 소녀의 발길 따라
나도 가고, 고양이도 가고

남대천
남대천 연어는
앞으로 가다 갑자가 하늘로 솟아 오른다
하늘의 별을 보았을까
내 님을 보았을까
난, 난
언제쯤 하늘로 솟아 오를까

(2024 07 19 이 상 록)

172. 칡 넝쿨   ... 이 상 록

한강을 끼고
강변북로를 달려 간다

어제 본 구름
저 관악산 중턱까지 내려와
세상 구경하고 있다

한남역을 지나며
날 따라오는 칡 넝쿨
강원도 산을 떠나
여기까지 날 기억하고 왔을까

한 참 가도
날 따라 오는 녀석

토끼는 어디 두고
너 혼자 외로이 한강변에서 살고 있는가

한남역을
지나는 여름 열차
날
보려고 온 게 아니라
널
찾아 달려오고 있었구나
칡 ―
너를

(2024 07 09)

173. 도시 매미   ... 이 상 록

구름 낀
7월 어느 여름날

햇살 날아오다
구름에 막혀 울고 있네

느티나무에서
날 보고 노래하는 도시 매미
어디 숨어 있을까
몸은 안 보여주고 소리만 보여주네

저만치
멀어져 가는 나에게
오라버니—
남대문 열렸어요

바람이
전해주고 간 말

허허
매미도 웃고 있네요

(2024 07 24 장안동에서...)

174. 무지개 ... 이상록

폭우가 쏟아져
만물이 떨었던 밤은 다 지나가고
저 대모산 뒤편에서 평화의 언어가 솟구치고 있다

너와 나의 약속
그림으로 그려지고 있을 때
땅에서 7가지 색상을 뽑아
강물에 그물 던지듯
하늘에 던진다

아주 멀리
뻗어가는 무지개
사람의 모습으로 서 있다
어느 장군처럼

허공에 색상 입혀
하늘에 새겨진 무지개
누가 그려놓고 갔을까

산과 산, 사람과 사람 사이에서 무지개가 핀다
무지개가 날 보고 있다
초승달 웃음이다
하늘에서 온
사람일까

(2024 07 21 삼성동 언덕에서...)

175. 손 끝으로 흐르는 사랑 ... 이 상 록

오늘
파티에서 눈 반짝 소피아를 보니
반가웠다

살며시
감추어 둔 내 마음
손끝으로 가고 있었지

다시 만나면
손끝으로 말하리오

언제
보아도 좋은 그대

님
구름 타고 멀리 가더라도
나 그대 뒤를 철새처럼 따르리다

비가 와도
눈이 와도
늘 홀로 서 있는 저 소나무처럼
나
그대에게
늘 푸른 소나무가 되고 싶다

(2024 07 21)

176. 맨드라미 ... 이상록

하늘이 맑다
누가 저런 색상을 입혀 놓았을까

뜨락에
피어나는 맨드라미
잘 익은 햇살 받아
수탉이 되어 가고 있네

꼬끼오
소리 한번 못 지르고
여름 한철 가

가을 햇살에
벌겋게 물들어 가는
맨드라미

누님
시집갈 날만
먼 산 바라보듯 기다리고 있구나

이 가을 다 익어 갈쯤
눈 서리 오기 전, 내가 먼저 다가가면
안되겠니

(2024 07 28)

177. 에밀리 영　　　　... 이 상 록

진접에 가다가
　칡넝쿨 뻗어가는 것을 본다
　　내 차로 달려가는 속도만큼 보조를 맞추어 따라 온다
　　7월이 더디 가는 이유는 칡넝쿨이 자꾸 발을 걸기 때문이다
소나무도 참나무도
　걸리면 허리를 펼 수가 없다
　　누가 날 이렇게 감아 줬으면...
　　　뱀 같이 꿈틀대며 휘감고 오르면 누가 대항하랴
　　온 산이 칡 줄기로 덮여 산은 없고 푸른 침략만 있구나
　야 불이다 푸른 불도 있구나
불 번지듯 그런 속도로 번지고 있다
　옛 직장 동료 에밀리 영을
　　찾아보려 했지만 날이 저물어 다시 서울로 돌아 온다
　　　혼자 가벼운 맘으로 속도를 더해 달려 본다
　　그사이 나를 보았다는 듯
　나를 알고 있다는 듯
나도 서울에 가고 싶다는 듯 뒤에서 계속 바람몰이를 한다
　얼마쯤 가면 벌써 저만큼 앞서서 날 기다리고 있다
　　　한 번 더 왔다가는, 휘휘 감겨 그 산의 칡이 되고 말텐데...
　　도망치듯 돌아 왔지만 기분은
나쁘지 않았다
　여전히 내 뒤를 따라 오는 것만 같았다
　　　내 사랑도 그리했으면.... 칭칭 감기는 맛,
　　그 산의 소나무는 알고 있겠지
혼자 걸어 가는 이들이여―
　쉬어 가면 어떠리, 칭칭 감아 주면 어떠리

(2024 07 29)

178. 양양   ... 이 상 록

간다 간다 하면서
산 높아 못갔나, 님 없어 못갔나

봄은 엊그제 갔고
여름은 홍천강에 빠져
가을은 상수리나무에 걸려 울고 있구나

부모님
세월 따라 저만치 가
나, 눈 오는 겨울 산 이제야 오른다

도시 까마귀
미사리 강바람 타고
한계령 넘어 양양으로 가는 길

단풍잎
한계령 산마루에 올라서니
내가 키운 바다
저 푸른 동해 바다가 서서히 춤추며 걸어온다
구름이 질세라
날 태우고 먼져 가

야호―
동해바다 푸른 물결
송아지 따라 산과 들, 커 가는 마을
양양은 언제나 양양하구나

(2024 07 31)

179. 산 너머 양양 　　... 이 상 록

내 고향 양양은
바람불어 설악산 끌어안고 사는 마을
산이 내어 준 솔 향기
한 송이 두 송이 송이버섯으로 피었구나

계곡 따라 흐르는 물
돌돌 말아 남대천에 이르면
연어의 맘, 은하수로 뛰어 올라가 별을 따고 있지요

양양 낙산사
천년 목탁 소리
저 바위 등을 타고 바다로 흘러가
님의 찬불가가 되었구나
하조대 팔각정
나도 올라가 보자
팔만번 뛰어오르고 올라도
오르지 못하는 그 심정 누가 알리오
관가에 몰아친 회오리
두 선비, 하조대 이름만 남겨 두고 떠나
그 바다의 추억 아직도 멍든 푸르름

토끼 따라
구불구불, 한계령 언덕 숲길에서 꿩꿩
푸드득 날아가 멈춘 곳
인심이 넘치는 곳, 파도 따라 잘 사는 마을
양양이라 하지요

(2024 08 22 고향 소년 이상록)

180. 철학자 안병욱교수님 ... 이 상 록

동양의 소크라테스
   숭실대 안병욱 교수님
     어디에 계신지요
        어렴풋이 전해지는 아지랑이 같은 소식 들었지요
           1974년 가을
       설악산 들렸다 가시는 길에
        양양 고등학교 학생들 앞에서 멋진 강연을 아직도 잊지 못해...
    도산 안창호 선생님의 사상과 시대 정신...
내 키만큼 책 써 놓고 죽는 것이 소원이라고 하셨지요
   미국 교환교수로 생활했던 선생님의 굵고 낭랑한 목소리 지금도
    7월에 흐르는 오동나무, 그 잎이랍니다
        제 일생에 선생님 강연만큼 감동 깊게 들을 적은 없어요
       연설 끝나고 퇴장 하셨을 때도
   10 여분 계속되는 박수 소리
   그건 하늘에서 쏟아지는 별빛 반짝이는 소리였지요
그 후 저는 선생님이 쓰신 안병욱 에세이는 거의 다 사서 읽어 보았답니다
   책 내용 하나하나 보배 같은 진주의 말씀
      저를 가르친 적은 없지만 선생님이 지으신 책을 읽다보니
        저도 모르게 글 쓰는 것을 좋아하게 됐고
       저도 모르게 어느덧 성장해서 글 쓰는 작가가 되어있습니다
현재 105세 되신 연세대 명예교수 철학자 김형석 교수님
서울대 김태길 교수님, 이분들이 다 선생님의 절친한 친구임을 알게 되었습
   니다 차를 길가에 잠시 세워두고
      이 글을 쓰고 있는 동안 어두워진 저녁 그늘을 타고
        혼자 뜬 반달이 지금 저를 유심히 내려다 보고 있어요
     스승 같은 안병욱 교수님
   지금 어디에선가 저와 똑같이 저 달을 보고 계신가요

선생님의 글과
말씀은 언제나 강물위에 쏟아진
햇살처럼 빛나고 있지요 동양의 철학자 안병욱 교수님,
TV속에서 강연하시는
안병욱 선생님의
얼굴만
보아도 가슴이 설레이곤
하였지요
빵 한 조각에도 철학 정신을 심어 놓으신
안병욱 철학자님
제 가슴엔 아직도 밤 하는 별처럼
빛나고 있어요
지금은 어디에 계신가요
저 언덕 위에서 복숭아꽃 피어 오르면
선생님 가르쳐 주신 교훈도
우리 가슴에 피어
오르겠지요
깊은 산사 수도 스님처럼 낭랑한
목소리를 들려 주신 이 시대 큰 스승 큰 철학자
안병욱 교수님을 생각하며 단풍잎
떨어지는 가을 어느 날
선생님이 가신
그 길 따라
강원도 양구 김형석 안병욱 철학의 집을
찾아 옛 추억의 그림자 하나 하나
말씀하나 하나 은그릇에
모두 담아 오렵니다

(2024 09 08 이상록 올림)

*A Joyful time
 in a neighbor house

*Halloween Day
 on October 31 2003

목차 ....
제 5 부 (부록편)   ....

1. 수필 이란 ......

　　　맘가는 대로, **붓**가는 대로, 글을 쓰는 것을 의미한다
　　　　형식에 얽매이지 않고 자유롭게 자기가 보고 느낀 것을 주관적으로
　　　　　글을 나열해 가는 문학의 한 형태이다
　　　　　　모든 글이 다 그러하듯
　　　　　글 속에는 작가만의 의도, 방향, 독특한 묘사, 향기, 힘, 스토리,
　　　　주제, 참신성, 독창성, 유머, 경구, 기교, 운율, 감동,
　　체험.... 등이 어울어져
　　　　　독자의 마음에 감동을 줄 때 그 글은 더욱 큰 빛을
　　　　발하게 되겠지요 글을 잘 쓰려면
　　　　　　매일 글 쓰는 버릇을 갖는 게 중요하다고 본다
　　　　　요즘에 카톡으로 문자 보내고 안부를 묻는 세상이
　　　　되었으니 얼마나 행복한 일인가
　　우표도 필요 없고 지우개도 필요 없는 공간에서 마음껏
　　　　　자유롭게 내 생각 내 사상을 펼칠 수 있다
　　　　　　　그야말로 Paradise이다
　　　　　　　그럼에도 불구하고 남이 써 놓은 글이나
　　　　　사진을 친구에게 보내는 것은 성의가 없어 보이고
　　　　예의도 아니다 당장 편할지는 몰라도 내내 이런 식이라면
　　내 필력에 아무런 도움이 되지 않는다
　　　　　이런 점에서 재학중인 학생은 꼭 자력으로
　　　　　　　글 쓰는 연습을
　　　　　　　　꾸준히 하기를 바란다
　　　　　　　　　(Slow but steady.)

2. 수필 엿 보기 ...

* 수필1 .... "미국 출발"

2000년 10월 어느날
나는 내가 머물고 싶은 미국 대학 기숙사에 물어볼 게 있어서
전화기를 들고 번호를 찍고 있었다

Hello,
I am Korean.
May I speak to a guest room manager?

그런데 어찌된 인가
한국 여인의 목소리가 흘러 나왔다
여기 브롱스인데요 뜻밖에 당황, 그래도
한참 우리는 다정한 옛 친구인 양 우리말로 주고 받고..
그렇게 30분 정도 이야기 나눈 것으로 기억이 된다

비슷한 연령대에
그녀는 부롱스에서 노래방을 운영하는 한국 여인이었다
아무래도
미국엔 연고도 지인도, 친척도 없는데...
이런 행운을 맞다니...
전에 미국에 잠깐 머문 적은 있었지만 고작 7일 정도여서
아는 게 별로 없는 형편,
이번에 가면 오래 머물 생각이었는데,
내심 참 잘 됐구나
이렇게 해서 나의 미국 생활은 순풍에 돛 단 배처럼 어려움 없이
꾸려가게 되었다

마음 단단히 먹고
2000년 12월 23일 나는 칼 202호를 타고
미국 John F. Kennedy International Airport 공항으로 날아가고 있었다
거의 15시간 비행기 안에서
차창 너머 신비로운 구름 풍경을 지나며
진짜 하늘에도 제1, 제2, 제3........
제7의 하늘이 있구나 하는 것을 느끼게 되었다

도착한 시간은 현지 저녁 8시경, 짐을 챙겨 택시 타는 곳으로
걸어 갔다
옐로우 택시였다
Hi,
말은 택시 기사분이 먼저 말을 걸어왔다
투박하고 조금 거친 그런 어투였으나 친절하게 대해주었다
I need to go to Bronx.
Would you help me?
Sure.
Get in, please.
한국에서 영어를 가르치는
강사로서 영어의사 소통에는 문제가 없었다
팁 문화가 정착된 미국사회를 익히 알고 있는터라
일반인이 주는 팁보다 조금 더 드린 것 같은 생각이 든다
그래서 그런지
미국 식당이나 호텔에서 일하는 사람들은 비교적 한국인을
좋게 보는 인상을 받았다
우리나라 경제가 그만큼 성장했다는 증거가 되는 셈이겠지요
세계 어느 나라 가도
코리아는 잘 사는 나라로 인식된 것 같아
흐뭇했다
브롱스에서 기다려 주는 여인이 있어

편하게 도착하고
편하게 호텔 숙소를 잡을 수가 있었다
가게 일도 바쁠텐데...
아무런 이권도 없이 나를 친구처럼 환대해준
그 여인이 고맙고 감사할 따름이다
인복이 없는 내게
이런 일도 다 있다니 모든 게 꿈만 같았다
다음 날, 그녀가 날 픽업해 가다가
Roosevelt Avenue 커피가게에 잠깐 머물러
커피를 사고 있었는데...
그사이 검은 경찰차가 다가와 벌금을 물리는 것이었다
100불정도 였으니 얼마나 큰 돈인가
내가 대신 물어 줬어야 했는데...
세월은 흘러도
그때 그 기억은 아직도 봄풀 돋듯 새롭다
그 한 사람이 6개월 정도 길 안내하고 하숙집 알아봐 주고..
여러 가지 정보를 주어
초기 미국 정착에 어려움 없이 성공으로 이끌어 준 첫 주인공이 되었다
　잊을 수 없다 참 고맙다 망막한 사막길을,
　　앞이 안 보이는 깜깜한 밤길을 걸어야 했던 나에게
　　　그녀는 한줄기 소낙비요, 오아시스였다
　　　　먼 길 돌아 이제 한국에 와서 뒤돌아보니
　　　　　모든 게 나의 신, 하늘의 신, 지극히 높으신
　　　　　　창조주 여호와 모세 형님이 만났던 성산의 신
　　　　　　　그분의 따뜻한 섭리요, 큰 은혜였다

　　　　(2025 07 08 서울에서, 이상록)

* 수필2 .... "대전 중문교회"

사실,
나는 미국으로 떠날 때
나의 신, 하나님을 완전히 떠난 상태였었다
성경책 읽기는커녕 기도도 단절된 상태, 나의 뜻하지 않은
슬픈 사연으로 인해,
미국으로 가게 되었다
무려 33년 떠나 있었으니
얼마나 미련한 놈인가

성경에서 하나님이 탄식하는 소리를 하셨다
이 백성이 "무지해서 통탄한다" 라는 구절이 생각난다
내가 그런 쪽의 사람이였으니...
무식하면 안된다
한국 돌아와 나의 첫 결심은 하나님에게 돌아가
이젠 정말 그분이 어떤 분인가 제대로 알아보자

나의 그런 결심은 곧 행동으로 이어졌고
"보이지 않는 신을 어떻게 믿어"
보통 사람은 다 그렇게 말을 한다 맞는 말이면서 틀리기도 한 말이다
내 인생의 마지막 결단,
그래서 아침 저녁 30분 동안 집에서 예배를 보기 시작했다
5년이 지나면서 신구약 5번을 통독하게 됐다
믿음 회복하면서 목사님 설교를 들어야 하는데...
어떤 분이 좋을지 통 생각이 나지 않았고 또 아는 목사님도 없는터라
갈등을 하고 있을 때, 어느 날 내 셀폰
유튜브에 뜬 화면 하나— 그건 대전 중문교회
장경동 목사님이셨다

그래 어디 한번 들어 보자
첫 만남에 나는 너무 기뻐 기절할 뻔했다
와—
와우—
한국에 이런 목사님이 계셨네
그 후부터 손님 없으면 바로바로 유튜브를 켜고 듣기 시작했다
약 3개월이 지나 나는 성령 충만하게 되었고
만나는 사람마다 전도하고 싶어 몸이 후끈 달아오르고 있었지요
그후 연세 중앙교회 윤석전 목사님께서 3개월
그후 사랑제일교회 전광훈 목사님
연이어 내노라 하는 유명한 목사님을 만나게 된 것은
그것 또한 하늘의 신, 창조주 여호와
하나님의 인도요 은총이었지요
어찌 이럴 수 있을까 나 같은 보잘것 없는 강원도 두메산골 촌아이가
이렇게 변화 되다니, 지금도 믿을 수 없어요
50년 괴롭힌 축농증 증세도 수술 없이 깨끗함을 받았고
몇 번의 시련도 잘 넘겨주신 고마운 나의 신
큰 상처 없이 잘 살아가고 있을 뿐 아니라 2024년 시 출품작
입선으로 지금은 시인의 길을 걷고 있습니다
80세가 되면 가방메고 매일 전도하러 다니는 게 꿈이라고
기도한 적이 있습니다
그런 기도를 하나님이 기쁘게 받아 주신 것 같습니다 저를 낳아 주신
육신의 아버지는
공부하는 것을 극구 방해하고 진학하는 것을 무척이나 방해했는데...
초등학문에서 끝날뻔한 인생, 그러나 하나님은 저를 불쌍히 여겨
길을 열어주시고 인도해 주셨습니다
받은 복, 앞으로 받을 복, 모두 모아 다시 이웃 사랑으로
물 한잔 대접하는 사랑으로...
서울 와서 첫 번째 성령의 은사를 받게 해 주신 목사님은 대전 중문교회
장경동 목사님 이었습니다 깊은 감사를 전합니다
하늘 하나님의 인도하심이 이었기에...

(2025 08 08 서울에서...작가 이상록)

* 수필3 (영문)..................

1) Two Turtles   *Writer: Ellmorn Lee

Nine years ago I received two turtles as a gift for my birthday. They were all green and very tiny like my finger nails. It was a great pleasure to look at them in a small plastic vessel in the late evening, as soon as I got home from work.

As two years passed, one of them grew a little bigger than the other. I came to realize that the smaller one was male. It was because he always moved more quickly and more strongly than the bigger turtle, they never fought with each other, and sat silently all day along on the brick in the middle of the vessel.

They are good swimmers and sometimes they slept in the water for a couple of hours. When I went by their area, they used to turn their heads and look at me. I understood that it was a sign that they wanted to eat some food. Their food was purchased by me in a pet store neighboring St. George's Church, on Main Street, Flushing. I usually fed them once or twice a day. They do not eat anything from late October to late April. I got to know it was comfortable and easy to feed the turtles. I was getting happier every time I took a closer look at them. As five years passed and they grew into adults, it occurred to me that it was time for them to meet their own new couple and I began to feel guilty keeping the two living long in that small plastic cage.

Therefore on a sunny day of May, I took them out of the vessel and brought them to Bowne Park, which was six blocks away from my house. It was a small park with a beautiful lake that was enclosed by many huge trees.

After a long hesitation I dropped the smaller playful guy in the water first. He looked very happy at the time I saw him swimming here and there. Next I had to drop the domicile and decent female mate in the lake. I was standing and crooking forward to drop her into the lake, slightly grabbing her in hand. And I began to count "one, two, two and half ……

She was directly slipped in the down side toward the deep water and then was not seen for a while. I could not know why she was slipping and keeping silent on the bottom of the water. I tried to say good-bye to her shortly after dropping her down into the lake. But I could not help waiting for a few minutes, because she did not move and show up again.

I was so sure she would hate to see me again.
So I sat up directly from the place where I was and I tried to turn around to go back home. Just that moment, she jumped very highly over the water.
I was so surprised to see her floating in the air. That was not quite her who I had fed and watched for five years. It was because she was so tender and so silent and so obedient during her stay at my home. How could she do such an amazing jump?

I could not really believe it. However, it was surely a bidding farewell to me, left as a gift of the last acrobatics. Sometimes I went to the lake to see if they would play well in the water. Many different kinds of turtles already in the water have lived very freely and peacefully there.
Can I see all the two of them again?
Can they recognize me as their former caretaker?
I became a man who loves nature and animals by raising them.

(Written by Ellmorn Lee, New York, November 12, 2010)

* Bowne Park

◆ In the Lake

(Photographed on october 20, 2010)

2) Where is treasure?   *Writer: Ellmorn Lee

Where is "Treasure Island? Is it in an island of the ocean? "Treasure Island" is one of the famous books that Robert Louis Stevenson wrote for his stepson. I remember that I read the book once or twice long before.
Most people will wish they own the treasures they want. The kinds of treasures will vary according to each person's wish. What treasures are you looking for now? The treasure will be very precious and pretty valuable like a pearl. So many people really want to have it, but it is not easy to find.
A treasure is rare and can hardly be seen.
The treasure I try to mention here is not such a thing like gems. The real treasure in our life is a man. As we are very precious and important persons to somebody, we can become the treasures.
If anyone is so precious and highly valued to us, he (or she) will be able to become our treasures also.
There might be treasures somewhere not far from us. What kinds of people do you find now? What kinds of people do you want to meet now?
What kinds of people do you need now?
Find them right away!
I am pretty sure they will be around or very near where you live. That will be a very important thing to you all, especially to the younger generation.

If you continue to seek treasures, you will be able to have a chance to meet them not long before. If you don't seek them, you will not be able to find them. Treasures are mostly hidden or covered.

Now you have to go on a long life journey. Tons of adversities and tough times await you. Don't be afraid of those things. Man should develop himself and strengthen through hard time.
Trees without having deep roots can fall down by the windstorm.
Be a strong man.
Everything can't be a treasure, but everything has the possibility to be a treasure. You might need a person who will lead you into the right direction and who will give you hope and courage. Don't hesitate to find such people. Mentoring from them will sometimes have a positive affect on your future.
As you know, there is a saying "Heaven helps those who help themselves." It means when you do make an effort by yourself, you can get any help from other people.
Be a man who is honest and diligent. A big glory and a great victory do not come easily.
There is a proverb "no pain, no gain." Even though we might face many problems, pains, and ordeals in the future, we should never be overcome. Don't avoid facing them. Learn from your mistakes and from your experiences.

Failure is a mother of success and a great thing does not come easily like always. A tough time is not always bad to us. They will be corner stones to keep our life strong if we can conquer such problems.
There is a word "Terrible waves make an experienced sailor."
Be a treasure to somebody, and your life will be enriched.
Be a pearl to somebody, and your life will be much more shined.
How can we be a treasure? Who can be a treasure?
For example, when you met a beggar and learned or found something precious from him, the very man will be able to be a treasure to you for that moment. Treasure would not be far away from you. Only those who struggle to seek and find will able to earn a precious thing.

(Written by Ellmorn Lee, New York, November 15)

3) In Times Square * Writer: Ellmorn Lee

New York City is consisted of five boroughs --
Manhattan, Staten Island, Brooklyn, Queens, and Bronx. Times Square is sited in the heart of Manhattan. It is one of the most crowded and busiest places in New York City. Last summer I went to its vicinity for a single day's trip by the Seven Train on Main Street, in Flushing, Queens New York.
It was a sunny Saturday. It took me about thirty five minutes to get there. I got off the train in Times Square subway station and got out of there very quickly to the Times Square building.
There were already crowded with people who came from many different countries. For about two hours I walked around the areas and sometimes stopped to see skyscrapers in order that I took pictures.
I love photographing models of nature, people, and cities. So whenever I left home, I always put my digital camera in my bag with eyeglasses.
When I was walking around the streets near Times Square, a woman and a man were standing and preaching God's words.
As a matter of fact, I was a Christian, too, from h elementary school to college; and for five years after that in Seoul. But I have never been present at church since my arrival in New York. As approaching to both, I felt some guilty. They kept distributing flyers to passersby.

After getting one flyer, I shared a small talk with the woman for a couple of minutes; and then I asked if I could take pictures with her. She agreed to my offer; she was a brilliant stunning lady, and she seemed to be an ardent Christian who was serving in a church in Manhattan.

And then I moved back to a corner where many people got together. There was a tall and strong middle-aged man in a cowboy hat and hot pants in the center who was playing the guitar and singing songs.
At a glance he was a very handsome guy, and sometimes the nice guitarist posed for some ladies when he was asked to take pictures with them. The place was very near Broadway and Times Square.
I went by him and walked further northbound.

To my surprise, there was a huge ad sign of LG. I was so proud to see it. Isn't that our LG Company in Korea? I know very well that the company has been making electric products; TVs, cellular phones, refrigerators, stoves, and so forth.

Many people as well as I in U.S.A. love LG products. I have heard a lot from my American friends that its cellular phones are very nice. The moments made me very happy.
As I am a Korean, I'd like to say that all the people in Korea should love and support the companies like LG, Samsung, SK, Hyundai so that they could keep developing and growing. It is because these companies are both our pride and our face of Korea.

The old fashioned style of illegal demonstration against a government which was violent and destructive will have to be gone. If it is necessary, the demonstration must be peaceful like USA.
We all should go on to the world's stage hand in hand each other. Our nation Korea's fate and development totally depend on our attitude, spirit, and effort. Young people, first, love our nation Korea.
Second, love your family and neighbor. Third, love all the countries. People say that those who live long in a foreign country become a patriot.

I definitely believe that's true.

Some of the school teachers, professors, national officials, and public company staff members seemed to have a lack of patriotism when I saw them in a foreign country.

I personally think that national officials without having any patriotism are not entitled to work in public services. National officials are people who work for their country and for their people. So they need to be committed themselves to keeping the community stable instead of seeking their wishes or profits.

It is true that the education on patriotism has been gradually diminished since President Park passed away. I highly recommend college students in Korea pay more attention to their studies than to violent protest against government. That's because we have to move on and on toward a world peace and welfare as well as our own development.

I saw the sun going down over the buildings in Manhattan, New York when I got on the train in Times Square. On my way back home, I felt that I embrace my country Korea, LG, Times Square, the stunning lady, and small patriotism on both Korea and U.S.A. in my warm heart, worrying about young generation's blind belief in Marxism or Leninism.

(Written by Ellmorn Lee, New York, November 15, 2010)

◆ Near The Times Square

* In front of Times Square

4) In the Cinema Complex

*Writer: Ellmorn Lee

Last year I was asked to go to the movies from one of my friends who lives in New York City. As a matter of fact, I had never gone to the movies since I came to New York City.
But this time I became so curious after listening to him in brief about the movie he tried to see with me. The very next day we headed to the Cinema Complex in College Point. It took us fifteen minutes to get there by car. It had a wide front yard and a big parking lot in the back.
We got out of the car and walked to the Cinema Complex main entrance.

Many people were already buying tickets inside, so we had to wait for our turn in line. We bought two tickets and then took the escalator to the second floor. There were two snack shops. One was selling several kinds of food like hamburgers, fried chicken, salads, and donuts with soda.
The other was selling many kinds of pizza, such as, mushroom, sausage, pineapple, ham, chicken & broccoli, vegetable, chicken pizza, salad,
pepperoni, fresh tomato with some kinds of soda. We stopped by the pizza store and I ordered a mushroom pizza with two diet cokes.
It seemed that the pizza's taste I ate here was a little different from the pizza I ate previously.
I remember that the pizza store where enjoyed eating deliciously was just the Famous Pizza Store which was located eastbound two bus stops away from the Elmhurst Hospital in Astoria.

I used to drop by the store
to taste pizza with mushroom and pineapple once in a while with friends. Today the title of the movie we were supposed to see was "G.I. Joe." I heard that the famous Korean actor Lee would appear in the movie today.
It was a rare case for a Korean actor to appear in the play with American actors and actresses. Anyway, I was much interested in the movie with my friend because I wanted to see the actor Lee. Soon after eating, we entered the hall to see the movie.

It started exactly at two o'clock. The movie lasted over two hours. It was filled with a bunch of thrilling actions and showed us many exciting scenes. We were very proud to see him wearing a white suit and performing so many great actions with his colleagues in the movie.
As we watched the movie, we wished to see him again next year. Many Korean-Americans were applauding and giving tons of ovations to him during the movie playing in the Cinema Complex, Flushing, New York. When I was young, I was so enchanted in watching movies.
In order to see the movie I had to go to HaKwang Jeong-ri a mile and half away from our village. It was big luck to me that I could see the movie three or four times a year.

Those days I used to watch movies inside the temporary -built tent sitting with some villagers on a sand bar at the Eastern shoreline. I was so mad for the movies in primary school days. One of my favorite movie stars was Shin Young Kyun who played a major hero as role model of an admiral Yi Soon Shin.
Movies brought me curiosity and excitement whenever I saw the movies. Tens of years passed, and tens of years again will pass you and me.

No body can't catch the running time and tide.
Can you guess what is the most scared in this world? Are they tigers or lions? Otherwise, are they ghosts or demons? It is time. Time is the ruler of the all living things. No body surpasses the time and tide.

So we shall try to be a wise man
who can spare time and maximize it. Movies make us glad and sad, touched and angry, scared and relieved.
I believe movies are flowers of our daily life culture and the complex arts that demonstrate everything.

I would like to plant those flowers in my garden before the full year of 2010 has gone. On the way back home I stopped by a beer shop and took a few glasses of whisky and water.

Stars in the sky began to emerge one by one and twinkle. The movie stars I saw today seemed to head for me.

(Written by Ellmorn Lee, New York, November 16, 2010)

3. 추억의 사진

* Columbia Univ. Campus

* on CU Campus

* Classmates

* Classmates

4. Flushing 사진

* Flushing Library

* Northern BLVD. 150 KFC

* Who is this?

* Flushing Macy's

5. 예쁘고 고마운 분들   ...

*Neighbor living in Ash Avenue

(*Manhattan street, NY)

*K—American Sun H.

* Columbia univ. campus

6. 그리운 이름

어제 중랑천에 갔다가
돌담길 건너가며 물끄러미 붕어를 바라보았는데
나보고 그리운 사람들 있느냐고 물어보는 듯한 표정
이었는데...
흐르는 물살에 마음으로 적어본 이름을 여기서
다시 부르며 적어 본다

● 김덕곤 —
　병태 성곤 형석 진도 명순

● 박상원 —
　양래 종원 연시 덕수

● 안경모 —
　진우 시원 원병 우진

● 산너머 진달래 (희) —
　미라(전도사님 딸) 영숙(진접) 수현이 엄마(안양)
　남순(미국) 정애 (발안리 승환이 이모)

● 박 호상 —
　Mellen Groove, Sunny, Namsoon, Nancy
　Martin and Julia, Linda, Jennifer, James, Young, Steven ...

7. 존경스런 문인 및 예술가

* 이정록 샘문학, 샘문그룹 회장
  한국문학 대표 시인 교수님
  서울대학 총동문회(이사)

....

* 시인/ 국회의원 박철언 장관님
* 시인/교수 수필가 김소엽님
* 시인/ 도종환 장관님
* 시인/수필 권미숙님
* 시인 석전 김경배님
* 시인/가수 신철님
* 최 영희님 (모델)
* 박 진희님 (Latin)
* 롯대주님 (Modern)
* 선행님 (무용가)
* 플랙플 이화정 대표님 (Artist)
* 금서 정자두님 (서예가)
* 박주연님 (A.D.)
* Steven (교수, 미국)
* 시인/영문작가 이상록님

* 강 건너

산 너머에

그리움 숨어 있다

*그리움이

무엇이든 나는 늘

그리워하며 살아가련다

(2025 06 17 이상록)

8. 자발적 후원코너 ....

"빨리 장가나 가거라"

심심하면 그렇게

뿌리신 아버지의 언어가 돌고 돌아
꽃 한 송이로 피어 아들 앞에 서 있는 것 같습니다
아들도 돌고 돌아 오늘 핀 장미처럼
예쁜 시 한 수가 그 누구의
꽃으로 피어 나기를 ...

※ 후원을 기다립니다
모아진 후원금 일부는 시 발전과
어려운 이웃을 위해 소중히 쓰겠습니다
(* 광주은행 — 270 121 009415 — 이 * 록)

9) 시 창작은 ?

* 시를 쓰려면 해야 할 요건이 많이
  있지만 여기서는 간단히 몇가지만 기술해 보겠다

* 글이 시가 되려면 최소 3요소는 갖추어야 한다
  1, 운율
  2, 심상
  3, 주제
* 그리고 시에 관한 공부를 적어도 반년 이상 꾸준히
  해야한다 *초중고교생이라면 매일 일기 쓰기부터 하는 것이 좋다
  대학생과 성인은 수필을 권장하고 싶다

  그렇게 10년 이상 연마하고 나서
  시 공부와 시 쓰기 연습에 들어가면 한결 수월해질 것이다
  그리고 인생 경험도 많이 필요하다 특히 시골 환경에서 10년 이상
  살아 보기를 바란다 시의 향기는 거기에 많으니까...

  시가 시다워지려면 시적 향기, 생기, 힘, 스토리, 멋, 깊은 뜻,
  경구, 유머, 은유, 기교, 비유, 리듬...등 다양하게 적용되어야 하고
  지나친 허풍이나 미사여구는 배제되어야 한다

  *개인적으로 시의 가장 중요한 부분은 살아 꿈틀거리는 힘, 감동,
  향기, 멋, 운율, 암시적 의미이라고 본다
  아무리 잘 쓴 시라 할지라도 최소한의 향기도 감동도 없다면
  그건 죽은 시를 쓴 것이다 모든 게 다 그렇지만 글 실력도
  하루 아침에 올라가지는 않는다 시인의 글을 많이 읽어야 함은
  물론 평소 꾸준히 글 쓰는 연습이 필요하다
      (*시 경연대회에서 상금도 많으니 해 볼만하다)

10) Dance Party (파티초청)

* 미국식 댄스 파티에
    여러분을 초대합니다

멀리 미국까지 가지 않아도
　　여기 한국 서울에서 Latin 5종목
　　　　Modern 5종목을 즐길 수 있습니다
　　물론 social dance (Jitterbug, Blues)도 있지요
주로 매니아를 상대로 하고 있지만
　　일반인들도 입장료만 내면 누구나
　　　　편안하게 관전할 수 있습니다

1. **입장료** : 1만원 (토.일 ... 약 200 ~500명 모임)
2. **시간** : 토,일 (12시 ~4시 30분)
3. **간식 제공**, 경품, 선물 추첨도 있음
4. **장소** : *블랙플 : (서울시 동대문구 장안동 장한평역 5호선 5번 출구)
　　　　　　　　* 이화정 대표
　　　　　　*더 오페라 (서울시 동대문구 장안동 장한평역 5호선 3번 출구)
　　　　　　　　* 국영서 대표

5. 파티(클럽) 명칭 : a) 레이디 클럽 (회장 안미미: 010—8962—8835)
　　　　　　　　　b) 댄스 필리아 (회장 백강: 010— 8770— 7131)
　　　　　　　　　c) 까르페 클럽 (회장 홍성환: 010— 5223— 2829)
　　　　　　　　　d) 오브제 클럽 (회장 김완국 010— 9167— 7111)
　　　　　　　　　e) 블랙플 파티 (대표: 이화정 010— 9508—5698)
　　　　　　　　　f) 화이트 클럽 / 맥스 클럽 / 멋쟁이 클럽/ 스타킹 클럽

11) 영어 한마디 ....

*기분, 상태,등 물어보기 ......

A. 질문 (1~3)

　1. 기분이 어때 (How do you feel?)

　　답) 1, I feel good.
　　　 2, I feel OK.
　　　 3, I feel great. (아주 좋아요)

　2. 오늘 파티 어땠어요? (How was your party today?)

　　답) 1, It was great. (좋았어)
　　　 2, It was amazing. (아주 좋았어)
　　　 3, It was terrible. (엉망이었어)

　3. 데이트 어땠어? (How was your date?)

　　답) 1, It was nice. (좋았어요)
　　　 2, It was romantic. (아주 환상적이었어요)
　　　 3, It was not bad. (그냥 그랬어)
　　　 4, I was on cloud nine. (엄청 행복했어요)

12) 감사 인사 ....

Thank you for joining me.
See you again in the fallowing
Collection of poems.
* I wish you all the best.

*함께해 주셔서
감사합니다. 다음 시집에서 만나요.
여러분의 행운을 빕니다

(2025 06 13 서울 장안동에서...)

● 문의 사항은 아래로...
● 전화 : 010 7788 2799
● 이메일 : a77882799@gmail.com   *소년 이상록

난,

너에게 반했어

(* I'm enchanted for you.)

*어느 날

우연히 뉴욕에서 만난 너,

지금도 난

널, 그리워 한다

(*I still miss you.)

*Here is Manhattan,
  New York.

*Flushing that the writer
 lived near the church
   showing below.

13). 당부의 말 (고마운 하움출판사).......................

지금까지 살아 오면서 크고 작은 경험과
해외에서 느낀 삶의 일부를 시로 표현해서 널리 세상에 알리게
되어 기쁘고 행복합니다
포기하지 않고 꾸준히 오랜 세월 글을 써 오다 보니
2024년 정식 시 입선의 계기로 한국 시 문단 (샘 문학, 구 샘터)에 등단하면서
시집 1 (처음 본 달), 시집 2 (산 너머 진달래) 2025년 5월과 6월에 출간하게 되어 가슴 설레이고 또 출판에 앞서 많은 조언을 해주신 여러 선배 시인님께도 큰 감사를 올립니다 그리고 또한 하움 출판사 문현광 사장님과 관계자 여러분에게도 아울러 깊은 감사를 드립니다 끝으로 저의 글을 애독해 주시는 독자 여러분, 앞으로도 시집 1,2,3,4,5... 계속 이어집니다
*아마도 한국에서 가장 많은 시집을 낸 시인, 그리움에 대한 시를 가장
  많이 쓴 시인으로 기억되기를 바랍니다

> "황소처럼 꾸준히 밀고 나가십시오
> 늘 준비하는 자에게 기회는 반드시 옵니다"

여러분 모두의 건강과 행운을 빌면서..

(시집 1 ... 처음 본 달)
(시집 2 ... 산 너머 진달래)
(시집 3 ... 능소화 피는 날)
(시집 4 ....뉴욕으로 간 뻐꾸기)
*각 서점 및 온라인 판매중...

"Don't give up. Slow but Steady"

(— 2025 06 13 시인 이상록 —)

14) 시인 안내 ....

*좋은 책, 영양가 있는 시집을 선정하려면 어떻게 해야 하나
 그 많은 책, 그 많은 시집 다 읽어 볼 수도 없고...
 그래서 참고가 될까 싶어서 아래와 같이 존경받는 원로시인님과 왕성한
 필력을 펼치는 떠오르는 스타 시인님들의 이름을 소개합니다

(* 시인 서열 없음 ... 오해 없기를 바랍니다)

1. 이육사 한용운
   김소월 서정주 시인님 ...

2. 이근배 시인 이사장님, 이정록 시인 샘문그룹 회장님 ...

3. 도종환 (장관) 시인님 손해일 시인님 ...
   김소엽 김민채 신재미 유미경 이연수 시인님...
   정승운 (한국문학 시 수상) 시인님...

3. 시 작품 왕성한 시인들 (2025 수상자) —

   * 석전 김경배 시인님
   * 흑진주 장복순 시인님
   * 이상록 시인님 (양양시인)

15) 나의 영웅들 ....

(* 내 성장에 큰 영향을 주신 고마운 분이십니다*)

*에이브라함 링컨 변호사님, 마틴 루터킹 목사님 (미국)

*이건희, 정주영, 구자경, 신격호(신동빈), 김승연 회장님 *(경제)

*이육사 한용운 김소월 이근배 이정록 도종환 시인님 *(문학)

*손기정 마라톤 영웅님, 홍수환 세계 챔피언님 *(스포츠)

*언더우드, 손양원, 주기철, 길선주, 조용기, 전광훈 목사님 *(종교)

*아펜젤라, 김홍도, 피터 패티슨, 장경동, 윤석전 목사님 *(종교)

*안병욱 철학자(숭실대 교수님), 김동길 교수님, 김형석 교수님 *(철학)

*안중근, 안창호, 유관순 애국 지사님 (독립 운동가)

*이미자 가수님, 나훈아 가수님, 이용복가수님, 신영균 배우님 (예술)

*제 성장에 많은 감동과 교훈 그리고 용기와 기쁨을 주신
위 모든 분께 지면으로 깊은 감사를 올립니다

(2025 07 10 서울에서 ... 시인 이상록 올림)

16) 맺는 말

언제 어디서 무엇을 하든, 하늘과 땅과
인간 그리고 모든 만물을 지으신 거룩한
하나님의 축복이 항상 함께 임하길 빌겠습니다

강원도 양양 현북면 샘제산 마을에서
평생 농부의 아들로 흙에 묻혀 살 줄 알았는데······
멀리 미국 유학까지 보내 주신 하늘의 신, 영의 아버지께
한없는 감사를 먼저 올리고 싶다
학교 갔다 집에 돌아오면 공부할 시간을 통 주지 않은
육의 아버지 때문에 늘 뒷산 대밭이나 묘지 뒤에 숨어
공부했다 이를 본 여호와 하나님(내가 세상을 지었노라))은 나를
측은히 여겨 아무 연고도 없는 미국으로 떠나게 해 주셨고
시인이 되게 해 주셨다 육신의 아버지 보다
영의 아버지가 더 좋은 걸 어떻게 하랴
여러분과 여러분의 가정에도
하늘의 축복이 ····

*From the heaven
God bless you, and your family also.
(2025 04 28 저자 이 상 록)

17) 작가 프로필

이 상 록

* 시 인

1. 영어강사
2. 미국 11년 거주
3. 강원도 양양 태생
4. 현북 초 중 고교, 양양고교,
   청주 사범대학, 외대 eMBA,
   미, 컬럼비아대학 영어
   물결에서 헤엄치다
   시인이 되다

5. 시 등단 (2024)
6. 시 신인상 수상 (2025)
7. 시집 1 (처음 본 달)
8. 시집 2 (산 너머 진달래)
9. 샘 문학 회원
10. 동대문 문화원 회원
11. 한국 문학 회원
12. 한용운 문학 회원

● 비오는 날　　　　　　　... 이 상 록

빗길을 걷다
발걸음 멈춤 생각 멈춤
꽃 한 송이를 바라 본다

비가 와도 바람 불어도 웃고 있다
다가가 말을 걸어 본다
웃음 뿐이다

비는
멈추지 않고 계속 온다
떠나고 싶어
나 혼자 가기 싫어
너도 같이 갈래 웃음 뿐 또 말은 없다

땅속에 속마음
깊이 감추고 서 있는 너
그래도 웃어 주어 고맙다　기뻤다

네가 있어
고마운 하루 기쁜 하루
돌돌 말아
우리 집 안방에 걸어 두리
오래 오래
그대는 그대는...
웃음 꽃, 해바라기—

(*2025 07 17 오후 12시 30분 시집 —3, 마무리 하면서... 작가 이상록)

지은이 이상록 (양양시인)

편집 문서아
마케팅·지원 이창민
표지 디자인 · 교정 이상록
펴낸곳 하움출판사
펴낸이 문현광
이메일 haum1000@naver.com
홈페이지 haum.kr
블로그 blog.naver.com/haum1000
인스타 @haum1007
ISBN 979-11-7374-139-5 (03810)
1판 1쇄 발행 2025년 07월 31일
판매가 20,000원
E-book 판매가 18,000원

좋은 책을 만들겠습니다.
하움출판사는 독자 여러분의 의견에 항상 귀 기울이고 있습니다.
파본은 구입처에서 교환해 드립니다.

이 책은 저작권법에 따라 보호받는 저작물이므로 무단전재와 무단복제를 금지하며,
이 책 내용의 전부 또는 일부를 이용하려면 반드시
저작권자의 서면동의를 받아야 합니다.